Die Kraft der Sehnsucht

© Dirk Wächter

Liebe Leserinnen und Leser

Stellen Sie sich vor, es ist Krieg und er will nicht aufhören. Dann stellt sich bei den Menschen früher oder später Erschöpfung ein. Sie tritt früher ein in einem Land, in dem der Krieg tobt und das Elend nicht nur in den Albträumen stattfindet, sondern auch zwischen ihnen.

Aber sie, die Erschöpfung, die bei uns noch Kriegsmüdigkeit heisst, greift auch in den anderen Ländern um sich, die Krieg führen, wirtschaftlich, hybrid oder sonst wie. Irgendeinmal ist man dann einfach zu schwach für alles und lässt mit sich geschehen. Wenn nur der Krieg endlich aufhört!

Diese Müdigkeit beginnt ganz unmerklich. «Ich mag nicht mehr gegen diese unmöglichen Politiker kämpfen», sagt man sich vielleicht. Und das ist auch verständlich. Die «dümmste Regierung» in den Worten von Sarah Wagenknecht, lässt sich, obwohl Superlativ, noch steigern. Auch die dümmsten Regierungen können noch dümmer werden. Und irgendeinmal kann man einfach nicht mehr und wird zynisch und gefühllos; oder man wendet sich den Quellen des Lebens zu: den Liebsten oder der Musik, spaziert im Wald oder spielt Karten mit Freunden. Das hilft und ist auch nötig.

Aber dann klopft es an der Tür und der Krieg steht draussen. Und man spürt: Ablenkung wie Kapitulation sind angesichts des Irrsinns keine Alternative. Weitermachen geht aber auch nicht, denn die Regierungen ha-

Aufhören, den Krieg verhindern zu wollen und stattdessen echten Frieden verwirklichen!

ben in der Zwischenzeit ihre Dummheit zur Bosheit gesteigert, und die zum Widerstand erforderlichen Kräfte übersteigen unsere Möglichkeiten noch mehr.

Das ist die letzte Gelegenheit, an dem wir die Erschöpfung noch verhindern können. Aber wie?

Mein Vorschlag ist: Aufhören, den Krieg verhindern zu wollen und sich stattdessen die Verwirklichung eines echten Friedens zum Ziel setzen. Die Verheissung einer besseren, vielleicht sogar goldenen Zukunft mobilisiert Kräfte, die über uns hinausreichen. Dafür gibt es in der Geschichte zahlreiche Beispiele. Schon im antiken Griechenland versprachen intelligente Kriegsführer den Bürgern der Gegenpartei Schuldenerlass und entfachten damit einen entscheidenden Funken der Hoffnung.

Ich bin überzeugt, dass uns nur die Sehnsucht auf wirklichen Frieden aus diesem Krieg herausführen wird. Die konkrete – und berechtigte – Hoffnung auf einen gerechten Neuanfang wird uns die Kraft verleihen, nicht nur den Irrsinn dieses hybriden Weltkriegs zu überstehen, sondern den Samen der nächsten Welt zu säen und zu pflegen.

Das ist die Idee des Ersten Weltfriedens, den ich mit dieser Ausgabe des Zeitpunkt vorschlagen möchte. Es ist eine Idee, die weit über die Möglichkeiten eines kleinen Autors und Verlegers hinausreicht. Aber nach ziemlich genau neun Monaten Schwangerschaft war die Geburt nicht länger zu verzögern, auch wenn das Baby noch längst nicht überlebensfähig ist. Es braucht jetzt, wie eine viel zitierte afrikanische Redensart sagt, ein ganzes Dorf, um ein Kind grosszuziehen.

Dieses «Dorf» sind wir, liebe Leserinnen und Leser. Wir entscheiden, ob das Kind mit dem Namen «Erster Weltfrieden» in der Menschheitsfamilie aufgenommen wird oder nicht. Wir entscheiden, ob wir gegen den Krieg kämpfen oder für den Frieden. Und wir entscheiden damit bereits den Ausgang der epochalen Auseinandersetzung, in der wir stehen – die Auseinandersetzung zwischen dem Geist, der den Frieden will und dem Materialismus, der die Unterwerfung plant. Denn jetzt ist der Moment, das unermessliche Potenzial des Geistes zu mobilisieren und der Sehnsucht Raum zu geben. Weihnachten und Neujahr sind ein guter Zeitpunkt dafür.

Mit herzlichen Grüssen
Christoph Pfluger, Herausgeber

Das finden Sie im Zeitpunkt 170:

Der Weg zum Ersten Weltfrieden

beginnt mit Entschuldung

von Christoph Pfluger

Könnte es sein, dass wir, um den Krieg zu beenden, nicht den Feind besiegen und das Böse ausrotten müssen? Das versucht die Menschheit seit Jahrtausenden mit dem Ergebnis, dass wir jetzt vor der Ausrottung von allem stehen.

Könnte es sein, dass wir, um dauerhaften Frieden zu erreichen, Regeln brauchen, die uns noch gar nicht bewusst sind? Denn die Regeln, die jetzt eingefordert werden, bringen uns nicht Gerechtigkeit, sondern Dominanz der Einen über die Andern und damit den Samen für Unterdrückung und weitere Kriege.

Und könnte es schliesslich sein, dass die Geschichte der Menschheitsfamilie auf diesen Punkt der Gerechtigkeit zustrebt und die ganze Kriegerei nur durch den Widerstand des unwissenden Menschen gegen das Unvermeidliche hervorgebracht wird?

Diese Fragen können mit Ja beantwortet werden, was ich im Folgenden zu begründen versuche.

Um den Krieg zu beenden, müssen wir ihn verstehen. Das bedeutet zwar noch lange nicht, dass wir ihn auch beenden können. Aber ohne Verständnis haben wir dazu nicht einmal eine Chance.

Im Nebel des Krieges, in dem die Täuschung die erste Waffe ist, scheint Verständnis unerreichbar. Wollen wir deshalb schon gar nicht versuchen, den grossen, vermutlich epochalen Konflikt zu verstehen und damit das Schicksal erst unausweichlich machen? Oder sollten wir uns nicht eher daran machen, das Gestrüpp der täglichen Nachrichten – ob fake, halbwahr oder wahr – zu durchdringen und die grossen Linien des Konflikts erfassen, der sich in den letzten 30 Jahren vor uns aufgebaut hat, dessen Wurzeln aber viel weiter zurückreichen?

Noch vor dem Einstieg in die Materie ist daran zu erinnern, dass wir in einer Zeit der umgekehrten Werte leben. Orwell hat schon 1948 erkannt: «Krieg ist Frieden! Freiheit ist Sklaverei! Unwissenheit ist Stärke!» Oder noch einfacher: Gut ist böse, das luziferische Prinzip.

Diese Umkehrung der Bedeutungen macht die Analyse letztlich zu einer Frage der persönlichen Wahrnehmung. Sehe ich gewisse Dinge

Wir leben in einer Zeit der umgekehrten Werte: Krieg ist Frieden! Freiheit ist Sklaverei! Gut ist böse, das luziferische Prinzip.

Die Entscheidung zum Krieg fiel in Washington, die Entscheidung zum Angriff in Moskau.

wie sie sind oder wie sie scheinen oder wie sie mir glauben gemacht werden? Ist die Freiheit, die der Westen mit Waffen zu verteidigen versucht, die Freiheit des Menschen oder die Freiheit des Geldes, sich auszubreiten, in Besitz zu nehmen und sich zu vermehren?

Die Lösung vieler Probleme – vielleicht sogar aller – hängt ab von unserer Wahrnehmung. «Wenn ich das gewusst hätte …» oder «war doch so einfach» denken wir fast immer, wenn wir etwas hinter uns gebracht haben. Und oft ist es so, dass man auch früher zu der Erkenntnis hätte gelangen können, nicht erst durch Schaden, den unerbittlichen, unausweichlichen Klugmacher.

Viele Konflikte, vor allem die grossen der Menschheit, bauen sich über längere Zeit auf. Nach vielen verpassten Gelegenheiten, sie zu lösen, entzünden sie sich dann an einer scheinbaren Oberflächlichkeit – im aktuellen Fall an der Missachtung des Minsker Abkommens mit seiner langen Vorgeschichte. Dann wird zu den Waffen gegriffen und nicht mehr die Lösung ist das Ziel, sondern der Sieg.

Und wenn der Sieger nicht weise ist – und wie viele Krieger sind schon weise? –, dann wird der Krieg mit anderen Mitteln fortgesetzt, mit Unterdrückung und Ausbeutung. Das beispielhafte, geschichtsprägende Ereignis der jüngeren Vergangenheit ist der Erste Weltkrieg, der mit dem «Friedensvertrag» von Versailles endete, der bereits den Samen für den Zweiten Weltkrieg in sich trug. Es gibt deshalb Historiker, die die Zeit von 1914 bis 1945 treffenderweise als Dreissigjährigen Krieg bezeichnen.

Was den aktuellen Krieg betrifft, halte ich es mit den amerikanischen Politikwissenschaftlern John Mearsheimer oder Stephen Cohen (†), dem Ökonomen Jeffrey Sachs, dem US-Miltär Col. Douglas Macgregor und dem UN-Waffeninspektor im Irak, Scott Ritter, oder dem ehemaligen US-Botschafter in Moskau, Jack F. Matlock, die alle eine explizite amerikanische Verantwortung für die Eskalation im Vorfeld des Krieges wahrnehmen. Oder, wie ein US-Senator sich ausdrückte: Die Entscheidung zum Krieg fiel in Washington, die Entscheidung zum Angriff in Moskau.

Das Geld als Symbol ist es die Vorstufe der Illusion und der Selbstüberschätzung.

Aber auch um den gegenwärtigen Krieg zu verstehen, muss man die grossen Linien und die massgeblichen Kräfte der Geschichte erkennen. Und da nimmt das Geld eine hervorragende, alles bestimmende Rolle ein. Es formt die Tätigkeiten und den Austausch fast aller Menschen, es regelt die Beziehungen aller Firmen und es definiert die Verhältnisse zwischen den Staaten.

Das Geld ist die sinnstiftende, treibende Kraft der menschlichen Zivilisation. Es verändert die Natur, es steuert unser Verhalten, es macht reich und arm, es beflügelt Träume und es verführt uns an einen unbekannten Ort in der Zukunft, dessen Erfahrung uns erst noch bevorsteht. Aber: Diese Zukunft ist jetzt.

Denn das Geld ist nicht neutral, aus zwei grundlegenden Gründen: Geld ist und bleibt ein Symbol, ob in der Form des jetzt wieder hochgelobten Goldes, eines Papierscheins oder einer Zahl in einem Computer. Und als Symbol ist es die Vorstufe der Illusion und der Selbstüberschätzung. Wir können als Menschen eine begrenzte Menge von Gütern besitzen und geniessen: ein Haus, drei Mahlzeiten, Kleidung für jedes Wetter und meinetwegen ein paar Autos. Mehr Habe erzeugt Sorgen, das hat sogar die Wissenschaft herausgefunden.

Aber als Besitzer einer Zahl können wir unermesslichen Reichtum anhäufen, ohne mit den negativen Konsequenzen konfrontiert zu werden. Die fallen anderswo an. Das betrifft keineswegs nur die Superreichen, sondern auch uns als einfache Bürger mit einem Altersguthaben, das die Banken profitabel anlegen; gegenwärtig besonders attraktiv: Aktien von Rüstungskonzernen. Jedes Vermögen auf Bankkonten oder in Wertpapieren erzeugt Wirkungen ausserhalb unserer Wahrnehmung, oft höchst problematische.

Hinter dem Symbol sehen wir also nicht die Wirkung unseres Geldes in der realen Welt. Das ist aber nur ein vergleichsweise harmloser Aspekt des nicht neutralen Geldes. Es gibt einen viel heimtückischeren, langsam und unerbittlich wirkenden Mechanismus, und der versteckt sich im Geldsystem und dem Zins. Sichtbar wird dieser Geburtsfehler des Geldes in seiner Entstehung.

Was viele nicht wissen: Nicht der Staat, nicht die Zentralbanken stellen unser Geld her, sondern die privaten Banken – rund 90 Prozent. Wie machen sie das? Die kürzeste und klarste Antwort liefert die Schweizerische Nationalbank auf Seite 19 ihrer Broschüre «Die Nationalbank und das liebe Geld»: «Die Banken schöpfen Geld, indem sie Kredite verleihen.» Sie verleihen also nicht das Geld der Sparer, wie sie ständig behaupten, sondern schreiben Geld, das es vorher nicht gegeben hat, als Zahl ins Konto der Kreditnehmer. Mit dieser Zahl können sie dann bezahlen, wie wenn es richtiges Geld wäre, für das andere hart arbeiten müssen.

Diese Form der Geldschöpfung hat einen fundamentalen Fehler: Es entsteht dabei nur ein neues gleichbleibendes Guthaben, das in Zirkulation geht, nicht aber die Geldmenge, die zur Tilgung nötig wäre: Kreditsumme plus Zins und Zinseszins. Es hat also immer zu wenig Geld im System, um alle Schulden zu bezahlen. Und die Lücke tut sich ständig weiter auf. Es ist wichtig, dass man diesen Mechanismus versteht. Er ist die Ursache des universellen Mangels, der unser Verhalten als Individuen wie auch als Kollektiv und in der Politik bestimmt.

Das unlösbare Problem dieser Form der Geldschöpfung wird vom Bankensystem mit einer Massnahme «gelöst», die das Problem verschärft, bis es uns um die Ohren fliegt: durch die Verleihung immer neuer Kredite. Damit können zwar die aktuellen Fälligkeiten geregelt werden, aber es vergrössert die Lücke zwischen den Schulden und der Geldmenge zu ihrer Bezahlung immer weiter.

Aktuell stehen wir bei weltweit 300 Billionen Dollar expliziten Schulden. Es gibt noch mindestens so viele implizite Schulden und nur rund 40 Billionen Geld, mit dem man tatsächlich Rechnungen bezahlen kann, Bargeld und Bankguthaben (M1).

Die Schulden sind per saldo also unbezahlbar. Die Grenze der Unbezahlbarkeit ist allerdings unscharf und von der Massenpsychologie der Spieler im Finanzcasino abhängig. Solange man die Geldmenge ohne

Das unlösbare Problem der Geldschöpfung wird vom Bankensystem mit einer Massnahme «gelöst», die das Problem verschärft, bis es uns um die Ohren fliegt.

gravierende realwirtschaftliche Konsequenzen erhöhen kann, wird in blinder Zuversicht weitergespielt – die von den Zinserhöhungen der letzten Monate allerdings spürbar abgekühlt wurde. Solange man einem überschuldeten Land noch seine Ressourcen abnehmen oder die staatlichen Leistungen zusammensparen oder privatisieren kann, gilt es noch nicht als insolvent, zumal es im Gegensatz zum Privatrecht im Völkerrecht keine Insolvenzregeln gibt. Und solange sich ein hochverschuldetes Land – die höchsten Schulden haben die USA – andere Länder dienstbar und tributpflichtig machen kann, besteht immer noch ein gewisses Vertrauen in seine Währung. Aber: Das Ende des Spiels ist zwingend. Keine Macht der Welt kann die Mathematik überwinden.

Die «Lösung» der Banken für den Geburtsfehler des Geldes – die ständige Erhöhung der Schulden hat eine weitere fatale Konsequenz, den Wachstumszwang. Mehr Kredite, auch wenn mittlerweile der überwiegende Teil in Finanzinstrumente fliesst, haben Investitionen, Ausbeutung und Naturverbrauch zur Folge – in einer endlichen Welt ebenfalls eine Entwicklung mit unausweichlichem Ende.

Die dritte unheilvolle Konsequenz der privaten Kreditgeldschöpfung ist die versteckte Umverteilung von den Arbeitenden zu den Besitzenden. Zum einen sind es die Vermögenden, die das neue Geld bevorzugt erhalten und mit enormem Investitionsvorsprung am Wettbewerb um die Schätze dieser Erde teilnehmen. Es sind die Reichen, die den Krieg zwischen reich und arm gewinnen, sagte Investorenlegende Warren Buffet. Die zweite Umverteilungskraft verbirgt sich im Zins, gewissermassen der DNA des Geldes. Der Zins steckt in allen Preisen und muss immer bezahlt werden, auch wenn man sich dessen nicht bewusst ist.

Nach Berechnungen von Thomas Piketty in *Das Kapital im 21. Jahrhundert* liegen die Kapitaleinkommen und Gewinne am gesamten Volkseinkommen in der langen Frist bei 25 bis 32 Prozent. Per saldo beträgt der Umverteilungseffekt rund 30 Prozent des BIP. Auch das ist

Es sind die Reichen, die den Krieg zwischen reich und arm gewinnen, sagte Investorenlegende Warren Buffet.

Die wiederkehrenden fatalen Folgen der Umverteilung wurden in der Geschichte immer wieder durch vier Ereignisse korrigiert: Krieg, Staatsversagen, Revolution oder Seuchen.

in ein Prozess der spätestens dann endet, wenn die Umverteilung und Verarmung ein Mass erreicht haben, wo die Arbeitenden nicht mehr arbeiten können oder wollen.

Diese wiederkehrenden fatalen Entwicklungen wurden in der Geschichte immer wieder durch vier gewaltsame Ereignisse korrigiert: Krieg, Staatsversagen, Revolution oder Seuchen. Dies ist das Fazit von Walter Scheidel, Historiker an der renommierten Stanford-University in seinem Opus magnum *Nach dem Krieg sind alle gleich – eine Geschichte der Ungleichheit* (2018).

Wir haben es beim Geld also mit einem zutiefst aggressiven, kriegerischen System zu tun, das sich nur durch wachsende Ausbeutung und Unterwerfung von immer mehr Natur, immer mehr Menschen und immer mehr Ländern am Leben halten kann. Im Westen und ganz besonders in der Schweiz wurde die konkrete Wahrnehmung dieser zerstörerischen Kräfte dadurch behindert, dass wir auf der Gewinnerseite dieses unseligen Spiels standen. Aber die Nebel lösen sich auf und geben den Blick frei auf ein Schlachtfeld, auf dem wir selber stehen und weder wissen, auf welcher Seite wir uns befinden noch welche Strategien verfolgt werden.

Die westliche Teppichetage ist sich dieser epochalen Kräfte mit Sicherheit bewusst und arbeitet seit längerem an einem fundamentalen Umbau, dem Great Reset, der angeblich dazu führt, dass wir nichts mehr besitzen und trotzdem happy bleiben («you'll own nothing and you'll be happy»). Dahinter versteckt sich eine gigantische Umverteilung zum Nachteil der weltweiten Mittelklasse mit dem Ziel, die bestehenden Machtverhältnisse in eine neue Zeit hinüberzuretten.

Die Dynamik des Geldes erklärt also zwei grundlegende, sich zuspitzende Antagonismen:

1. Den schärfer werdenden Konflikt zwischen den USA als führender Kraft des westlichen Finanz- und Wirtschaftssystems und Russland und China, die sich diesem Hegemonialstreben entgegenstellen. Die

Eine Verhandlungslösung erscheint dem Westen bereits nicht mehr als existenzsichernd. Deshalb lehnt er sie ab.

USA sind das höchstverschuldete Land der Erde, Russland ist das reichste an Ressourcen, China an Arbeitskraft.

2. Die Erosion der nationalstaatlichen Souveränität und die Zerstörung der Demokratien durch das internationale Finanzkapital, das mit «Public-private Partnerships» und «global governance» immer mehr nationale, lokale und individuelle Belange seiner Kontrolle unterwirft, von den Inhalten der Medien über private Kommunikationen (z.B. in den «sozialen» Medien) bis hin zur Gesundheitspflege (Impfzwang).

Das globale Finanzkapital hat sich in einen Zweifrontenkrieg verwickelt – gegen Widerstand leistende Staaten und gegen den freien Menschen –, ein existenzieller Überlebenskampf, in dem es für beide Seiten um alles oder nichts geht:

- Der Westen muss gegen Russland gewinnen, wenn er als solcher weiter existieren soll. Wenn er verliert, bricht die Schuldenpyramide zusammen und das Geldsystem als Regulator des Austauschs und als Machtinstrument löst sich auf. Russland und China dürfen ihrerseits nicht verlieren, wenn sie souverän bleiben wollen. Der Ausgang dieses Konflikts ist vermutlich endgültig. Eine Verhandlungslösung erscheint dem Westen bereits nicht mehr als existenzsichernd. Deshalb lehnt er sie ab. Russland weiss, dass es bereits gewonnen hat, deshalb kann es alle zwei Wochen auf verschiedenen Kanälen Gespräche anbieten.
- Der zweite existenzielle Überlebenskampf findet zwischen dem internationalen Finanzkapital und dem freien Individuum und seinen Demokratien statt. Die meisten Regierungen verfolgen bereits nicht mehr das Wohl ihrer Bürger, sodass die Menschen diesen Kampf selber ausfechten müssen und sich zu diesem Zweck in neuen Gruppen und Bewegungen organisieren – mehr schlecht als recht. Wenn das Individuum den Kampf um die Kontrolle verliert, ist die Freiheit vermutlich nicht mehr wiederherzustellen. Es droht die transhumanistische Optimierung und das Diktat der künstlichen Intelligenz durch die Kräfte, die sie kontrollieren.

In diesem hybriden, aber durchaus totalen Krieg mögen verschiedene Kräfte am Werk sein. Aber die wesentlichste ist ohne Zweifel das Geld, das bekanntlich die Welt regiert, bzw. der Zins, der die zerstörerische Dynamik des Geldes, die alles verschlingende Verschuldung begründet.

Wie immer dieser Krieg ausgeht: Entschuldung – nach unterschiedlichen Regeln – wird das Resultat sein. Im Great Reset werden die Schulden durch Enteignung der Bürger gestrichen. In einem heissen Krieg bezahlt der Sieger seine Schulden mit dem Vermögen der Besiegten. In einem ökonomischen Zusammenbruch werden die Schulden mit dem Vermögen der Mittelklasse «getilgt».

Die Epoche des modernen Geldes, deren Beginn man auf die Gründung der Bank of England 1694 legen kann, endet also gezwungenermassen mit einem Schuldenerlass, wobei seine Bedingungen noch nicht festgelegt, sondern Gegenstand der beschriebenen kriegerischen Auseinandersetzungen sind.

Mit diesem Verständnis des Krieges, können wir ihn auch beenden. Das heisst allerdings nicht, dass dies auch gelingt. Aber wir wissen zumindest, was zu tun ist: Schulden streichen. Die Dynamik des Geldes mit seiner programmierten Überschuldung kommt uns dabei zu Hilfe. Es strebt selber nach einem Schuldenerlass – durch seinen Zusammenbruch. Die Great Reset-Leute versuchen, sich das damit verbundene Chaos nutzbar zu machen und den Schuldenerlass nach ihren Regeln und zu ihrem Vorteil durchzuführen.

Wie können wir erreichen, dass der unvermeidliche Schuldenerlass nach unseren Regeln und zum Nutzen aller durchgeführt wird? Wir wissen aus der stringenten Analyse von Walter Scheidel und anderen Wissenschaftlern, dass krasse Ungleichheit in der Geschichte regelmässig zu Kriegen, Revolutionen und Staatsversagen geführt hat. Im Umkehrschluss: Frieden erfordert die Beseitigung der Ungleichheit. Dies

Die Epoche des modernen Geldes endet gezwungenermassen mit einem Schuldenerlass, wobei seine Bedingungen noch Gegenstand der kriegerischer Auseinandersetzungen sind.

Wir sind Teilnehmer eines globalen Kettenbriefs. Wenn wir dem Spiel nicht vor seinem Zusammenbruch ein Ende setzen, wird es ungemütlich.

bedeutet keineswegs, dass alle Menschen einer kommunistischen oder faschistischen Gleichmacherei unterworfen werden. Aber es bedeutet, dass die Regeln des Austauschs es nicht mehr zulassen dürfen, dass die Wenigen unermesslich reich und die Vielen bitter arm werden. In einer solchen Welt der ökonomischen Gerechtigkeit herrscht Friede in Freiheit: der Erste Weltfrieden.

Die Schritte zum Ersten Weltfrieden:

1. **Schuldenerlass.** Das ist heute leider nicht mehr so einfach, wie in biblischen Zeiten, als er – erfunden im Zweistromland – alle 49 Jahre durchgeführt wurde. Ein Schuldenerlass ist heute hochkomplex und erfordert anspruchsvolle Planung. Denn wird er einmal in Gang gesetzt – zum Beispiel durch Entschuldung der Drittweltländer –, werden viele Banken in Schieflage geraten und einen Dominoeffekt auslösen. Aber: Ein Schuldenerlass ist bei aller Komplexität unausweichlich, ob geplant oder nicht. Der Verzicht auf den Versuch ist die vorweggenommene Niederlage.
2. **Umverteilung** oder, etwas freundlicher ausgedrückt, Vermögensreform ist die zwingende Konsequenz des Schuldenerlasses. Wem gehört was, ist die gordische Knotenfrage. Etwas einfacher wird sie, wenn man davon ausgeht, dass der Mensch nur besitzen können soll, was er auch herstellen kann. Land, die historisch bedeutendste Vermögenskategorie, gehört unter Verwaltung der Allgemeinheit, die es zur privaten Nutzung langfristig verpachtet. Aber auch hier gilt: Umverteilung ist die unvermeidliche historische Folge unseres Geldsystems und wird in den Hinterzimmern des World Economic Forum bereits geplant. «You'll own nothing …».
3. **Ein neues, gerechtes Geldsystem:** Das ist ebenfalls eine unausweichliche Folge der vorangehenden Schritte und der historischen Entwicklung, was übrigens auch die Davoser Elite längst erkannt hat und konsequenterweise an der Einführung von digitalem Zentralbankgeld arbeitet. Das ist allerdings kein Geld mehr, sondern ein Gutschein in Form eines Grundeinkommens für die Braven und

Angepassten. Der Kampf um ein gerechtes Geldsystem ist alt, unter anderem führte er zur amerikanischen Revolution. Durchdachte und praktikable Konzepte gibt es ebenfalls seit längerem. Sie wurden alle verhindert, fallweise auch mit Gewalt.

Diese drei Schritte sind eine gigantische Arbeit: nicht nur weil das kollektive Bewusstsein und die Kenntnisse in grundlegenden Geldfragen nahe null liegen. Sondern weil sich die Illusion des Geldes perfekt hinter seiner realen Praktikabilität versteckt. Wir sind Teilnehmer eines globalen Kettenbriefs, der nach wie vor zu funktionieren scheint. Aber, liebe Freunde: Wenn wir dem Spiel nicht vor seinem Zusammenbruch ein Ende setzen, wird es ungemütlich, um es freundlich auszudrücken. – Wer Klartext bevorzugt: es wird grausam und für viele tödlich.

Der Erste Weltfrieden ist ein Weg

Der «Erste Weltfrieden» ist zunächst einmal ein Begriff, der sich vom «gewöhnlichen» Weltfrieden abheben soll und mit dem die Bedingungen verknüpft werden, die zu seiner Erreichung erfüllt werden müssen: Entschuldung, Vermögensreform und ein gerechtes Geldsystem.

Der Begriff soll die Sehnsucht nach Frieden beflügeln und die Pforten des Bewusstseins für die notwendigen Schritte öffnen. Er wird in die Welt hinaus getragen durch viele friedenskräftige Menschen und Gruppen, die als ersten Schritt einen Schuldenerlass fordern.

Der «Erste Weltfrieden» ist aber mehr als ein Kommunikations- und Bewusstseinsbildungsprojekt. Wissenschaftler sollen die Mechanismen eines Schuldenerlasses studieren und Vorschläge unterbreiten. Die Zivilgesellschaft soll Regeln für die Vermögensreform entwickeln. Und die Wirtschaft soll gerechte, miteinander verknüpfte Geldsysteme entwickeln.

Der «Erste Weltfrieden» ist ein revolutionärer Akt der Befreiung von den Altlasten der Umverteilung und eine konstruktive Entwicklung des kommenden Friedens.

Die noch im Entstehen begriffene Trägerschaft wird Materialien zur Verbreitung anbieten, wissenschaftliche Grundlagen bereitstellen und die Aktivierung und Vernetzung von Individuen und Gruppen weltweit befördern.
Der Erste Weltfrieden ist der Weg.
1wf.eu

Dazu kommt: Die drei Schritte finden mehr oder weniger gleichzeitig statt. Der Zins ist eine exponentielle Funktion, mit einer Kurve, die am Schluss fast senkrecht in die Höhe schiesst – unglaublich viel Veränderung in kürzester Zeit. Damit können Demokratien schon längst nicht mehr umgehen, und – wie wir jetzt sehen – auch ziemlich autoritäre Regimes mit kurzen Entscheidungswegen nicht. Dem Westen scheint im Moment alles zu entgleiten. Kurzschlusshandlungen und sogar Panik sind nicht mehr auszuschliessen.

Dabei wäre ein Übergang mit einem Schuldenerlass und einer Vermögensreform ganz friedlich zu schaffen. Die Menschen der allerhöchsten Einkommens- und Vermögensklasse – und es gibt noch viel reichere als die Spitzenreiter der «offiziellen» Liste – hätten immer noch genug für ein sorgenfreies Leben. Aber sie hätten keine Kontrolle mehr über Andere. Und das ist es, was offensichtlich nicht sein darf.

Es hat wirklich genug für alle. Das System, die globale Zitrone auszupressen bis Blut fliesst, hat eine unglaubliche Umverteilung, Verschwendung und Zerstörung zur Folge: Krankheit, Dummheit, Blindheit; Krieg gegen die Natur, gegeneinander und gegen sich selber.

Die Kosten sind jenseits unserer Vorstellung: Knapp ein Drittel entfällt auf die Umverteilung von den Arbeitenden zu den Vermögenden in Form von Zinsen, Gewinne, Monopolrenten und dergleichen (gemäss Piketty 25 bis 32 Prozent). Ein weiteres Drittel dürfte auf Verschwendung, Krankheit, Krieg und Naturzerstörung entfallen. Per saldo können wir mit einem Drittel des Aufwandes den ungefähr gleichen Lebensstandard erzielen und das in einer friedlichen, stressfreien Gesellschaft. Da bleibt noch reichlich Zeit, den Schaden wiedergutzumachen und den ärmeren Ländern auf die Beine zu helfen. Das ist die unglaubliche Friedensdividende des Ersten Weltfriedens.

Was können wir tun? Mein Vorschlag, den Ersten Weltfrieden in Angriff zu nehmen, mag unrealistisch erscheinen und vielleicht ist er es auch. Aber er ist unsere grosse Chance, dieser epochalen Krise eine rettende Wendung zu geben. Ich gebe zu, dass diese Strategie den Mangel vieler anderen teilt, die nur funktionieren, wenn eine kritische Masse erreicht wird. Aber: Wenn exponentielles Geldwachstum möglich ist, dann ist hyperexponentielles geistiges Wachstum erst recht möglich. Die Sehnsucht nach Frieden wächst mit jedem Kriegstag, Wenn wir sie für eine wirkliche Lösung nutzen, haben wir eine reelle Chance.

Der Erste Weltfrieden bezeichnet die Voraussetzungen eines dauerhaften Weltfriedens und erfüllt zufälligerweise auch Kants erste zentrale Bedingung für den «ewigen Frieden».

Der zentrale Begriff ist der «Erste Weltfrieden». Er unterscheidet sich nicht nur im Namen vom gewöhnlichen Weltfrieden mit Harmonie, Menschenrechten und Völkerverständigung, sondern auch im Inhalt. Er bezeichnet die Voraussetzungen eines dauerhaften Weltfriedens, die zufälligerweise auch Kants erste zentrale Bedingung für den «ewigen Frieden» erfüllen: die «republikanische» Verfassung in der damals gebräuchlichen Terminologie. Schuldenerlass, Vermögensreform und ein gerechtes Geldsystem sind die Kräfte par excellence der gemeinsamen Sache der Menschheitsfamilie, der res publica.

Mit dem Begriff des Ersten Weltfriedens wird eine ewige Sehnsucht des Menschen angesprochen und gleichzeitig signalisiert, dass etwas Neues, Konkretes mit ihm verbunden ist. Und dieses Neue, Konkrete ist der Schuldenerlass, der seit biblischen Zeiten Befreiung und Zukunft verspricht – und dies in einer dunkelschwarzen Zeit schnell wachsender Unfreiheit und höchst unsicherer Aussichten. Der Schuldenerlass bleibt kein hohles Versprechen auf Freiheit und Zukunft. Wenn er durchgeführt wird, hält er es auch. Es sind die unbezahlbaren Schulden, die uns zu Gefangenen der Vergangenheit machen. Erst ihre Streichung öffnet das Tor zu Freiheit und Gerechtigkeit.

Natürlich ist der Erste Weltfrieden nicht nur dadurch zu erreichen, dass das Versprechen um die Welt geht und sich sehr sehr viele Menschen seine Verwirklichung wünschen. Das ist notwendig, aber nicht hinreichend. Es erfordert auch eine intensive intellektuelle und strategische Arbeit zur Bewältigung des Zusammenbruchs und des gleichzeitigen Aufbaus des Neuen.

Es müssen Botschaften entwickelt werden, die sich von selber verbreiten und den Funken der Begeisterung zu einem Feuer der Erneuerung machen. Es braucht konkrete Aktivitäten für alle.

Das alles ist erst im Keimstadium. Und dieser Text ist kein Auftakt mit Pauken, Trompeten und einem fertigen Konzept. Vielleicht ist das auch gut so.

Weitere Informationen: 1wf.eu

Kulturelle Reanimation – wie der Aufbau einer Zivilisation wirklich gelingt

Der «Lehre vom Kollaps» im gleichnamigen Buch von Dmitry Orlov muss durch die «Lehre von der Reanimation» ergänzt werden – die da beginnt, wo der Kollaps endet. *Von Ingo Hoppe*

Die letzte Eskalationsstufe des Zusammenbruchs ist nach Orlov der «kulturelle Zusammenbruch». An diesem Punkt muss angesetzt werden, wenn man einen Wiederaufbau menschlicher Zivilisation bewerkstelligen will: kulturelle Reanimation könnte man es nennen. Nur auf diesem Boden wird ein nachhaltiger Neuaufbau der Zivilisation gelingen. Wobei man wissen muss: Die von Orlov genannten Stufen des Zusammenbruchs verlaufen nicht nacheinander wie Erbsen an einer Schnur, sondern in vieler Hinsicht miteinander verschränkt und gleichzeitig. Trotzdem ist richtig:

Das neu zu errichtende Zivilisationsgebäude wird nur dann stabil sein, wenn es auf dem Boden einer echten menschlichen Kultur erbaut wird. Was aber ist Kultur? Antworten kann das Studium vergangener Kulturen geben, die sich im Laufe der Weltgeschichte entwickelt haben: Kultur setzte sich letztlich immer aus drei Hauptelementen zusammen: Wissenschaft, Kunst und Religion – im weitesten Sinne. Wer daher ernsthaft an einen zivilisatorischen Wiederaufbau denken will, muss sich mit diesen drei Grundelementen befassen. Das aber heisst nichts anderes als: Er muss sich mit dem menschlichen Geist befassen! Denn Kultur – Wissenschaft, Kunst und

(Bild: shutterstock.com)

Religion – ist immer ein Erzeugnis des menschlichen Geistes – genauer: des kreativen Geistes. Kurz:

Wer Zivilisation aufbauen will, muss die zentrale Bedeutung des kreativen Geistes für das Entstehen menschlicher Zivilisation realisieren. Er muss erkennen, dass der entscheidende Evolutionsfaktor, durch den sich der Mensch vom Tier unterscheidet und über das bloss Animalische erhebt, der kreative Geist ist. Dieser Geist ist und war immer der alles entscheidende Überlebensfaktor des Menschen. Das Tier kann insofern ganz gut ohne ihn leben, als die Natur es mit gut funktionierenden Instinkten und entsprechenden Körpern ausgestattet hat.

Um zu überleben, braucht es nur diesen Instinkten zu folgen – und hat auch gleich den passenden Körperbau, um seine instinktiven Impulse adäquat umsetzen zu können. Wenn es kalt wird, wächst ihm praktischerweise ein Winterfell. Nicht so beim Menschen. Er muss erfinderisch werden – und sich seinen Wintermantel selber nähen. Wer Zivilisation retten oder gar erschaffen will, muss daher dem Geist des Menschen besondere Aufmerksamkeit widmen, ja: ihn zum zentralen Untersuchungsgegenstand erheben. Mit anderen Worten: er muss Geistes-Wissenschaft betreiben.

Die erste relevante Erkenntnis echter Geisteswissenschaft besteht in der Feststellung, dass Geist existiert! Der Beweis für die Existenz des Geistes ist durch innere Empirie leicht zu erbringen. Er kann hier nicht ausführlich dargelegt werden, aber jeder Mensch kann durch Selbstbeobachtung seines (Selbst-)Bewusstseins leicht erfahren, dass er einen Geist nicht nur hat, sondern selbst Geist ist. Ferner, dass er eine Seele hat und ist. Nur aufgrund der Anerkennung dieser beiden Tatsachen ist menschliche Zivilisation möglich. Die «allgemeinen Menschenrechte» beispielsweise, die «unantastbare Würde es Menschen», basieren auf der Annahme, bzw. der Wahrnehmung, dass der Mensch Geist und Seele ist. Für die «Lehre vom Kollaps» folgt daraus:

Der kulturelle Kollaps beginnt bereits da, wo die Leugnung des Geistes beginnt oder gar zum herrschenden Zivilisationsprinzip erhoben wird. Genau das ist eingetreten. Nämlich durch den Siegeszug der reduktionistischen Naturwissenschaft und der damit zusammenhängenden materialistischen Weltanschauung, die behauptet, der Menschen sei ein ausschliesslich materielles Wesen – eine Art Bio-Automat. Die Corona-Massnahmen-Krise ist nur eine der vielen fatalen Folgen dieses Reduktionismus. Eine Zivilisation, die den Menschen ausschliesslich als eine materielle Maschine betrachtet, wird ihn irgendwann auch so behandeln. Das aber ist das Ende aller Zivilisation und Kultur, erzeugt Anti-Kultur und infolgedessen Anti-Zivilisation, der direkte Weg ins Kollaps-Land. Woraus folgt:

Die kulturelle Reanimation wird folglich nur dann erfolgreich sein, wenn sie auf der Anerkennung der Existenz des Geistes basiert – und man auf dieser Grundlage aktiv weiterarbeitet. Insofern kann Hegel Recht gegeben werden, wenn er «Untersuchungen über die Immaterialität der Seele» forderte sowie die innere Arbeit eines «mit seinem reinen Wesen sich beschäftigenden Geistes» und Ähnliches mehr. Wenn

Eine Zivilisation, die den Menschen ausschliesslich als eine materielle Maschine betrachtet, wird ihn irgendwann auch so behandeln.

So wirr sich diverse Richtungen sogenannter «Esoterik» ausnehmen: die Suche als solche ist berechtigt, ja notwendig.

also heute aufgrund des dramatischen Niedergangs der Zivilisation zurecht vermehrt über den Neuaufbau von Zivilisation diskutiert wird – manche sprechen von «Parallelgesellschaft» –, so hat das nur dann einen nachhaltigen Sinn, wenn zugleich über die Existenz des menschlichen Geistes diskutiert wird.

Wer den Materialismus nicht überwinden kann, taugt nicht für den Wiederaufbau einer Gesellschaft, die dem Prinzip der geistigen Selbstbestimmung einen zentralen Stellenwert zuschreibt. Denn wie soll sich der menschliche Geist bitteschön selbst bestimmen, wenn es ihn gar nicht gibt, sondern bestenfalls als chemische Reaktionen wabbeliger Gehirnmasse? Wäre der Mensch bloss diese Masse und dieser Apparat, so wäre es wohl wirklich am klügsten, das eigene Schicksal den Experten dieses Apparats anzuvertrauen: den Naturwissenschaftlern, (Bio-)Technikern und Transhumanisten, die zu wissen behaupten, was für die «Maschine Mensch» «das Beste» ist.

Der spirituelle Einschlag, der in der Widerstandsbewegungung gegen das Corona-Regime zu beobachten war, erscheint somit durch die Sache selbst gerechtfertigt. So wirr sich diverse Richtungen sogenannter «Esoterik» ausnehmen: die Suche als solche ist berechtigt, ja notwendig. Statt sich an den – zahlreich vorhandenen – esoterischen Verschrobenheiten zu stossen, sollte man sich daher lieber fragen, wie diese wichtige kulturelle Such-Bewegung auf ein gediegenes Niveau gehoben werden kann! Die Überlegungen dieses Artikels führen mithin zu der Frage:

Wie kann es gelingen, eine seriöse spirituelle Grundlage zu erarbeiten, die geeignet ist, ein starkes kulturelles Fundament zu bilden, das als stabiler Boden für einen nachhaltigen zivilisatorischen Wiederaufbau dienen kann? ●

Ingo Hoppe studierte Philosophie und Geschichte in Basel und ist seit 1999 als freier Journalist unterwegs. Die Universitätsreform (Bolognaprozess) verarbeitete er in dem Buch «Der freiheitliche Universitätsbegriff Wilhelm von Humboldts» (fiu-verlag.com). Kontakt: freieakademie.info.

Acht Thesen, warum die unipolare Welt zu Ende geht

Von Mathias Bröckeers

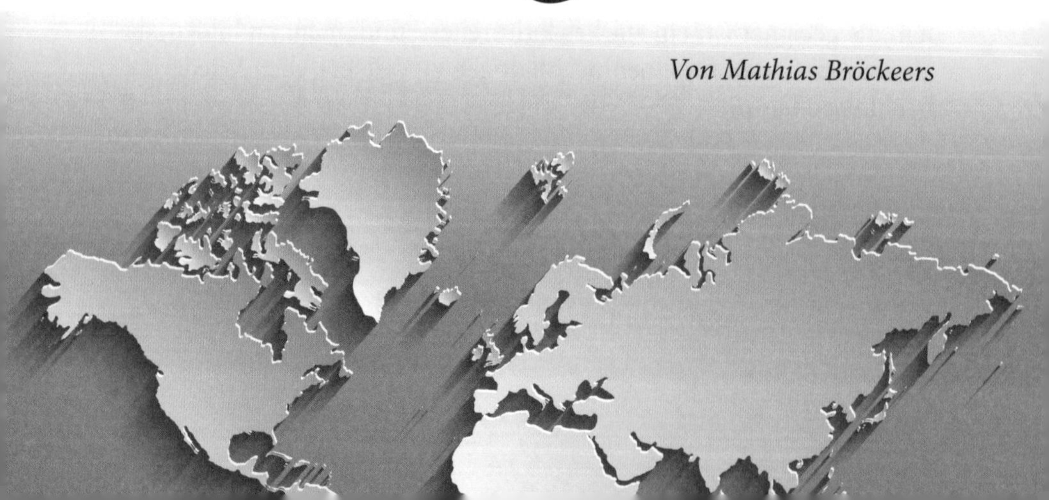

1 «Das Glück ist immer auf der Seite der grossen Bataillone» – die auch vom Preussenkönig Friedrich II. überlieferte französische Redensart muss im 21. Jahrhundert umformuliert werden. Nachdem *The (Real) Revolution in Military Affairs* stattgefunden hat, so das gleichnamige Buch von Andrei Martyanov (2019), ist das Kriegsglück jetzt auf der Seite der *hypersonischen Waffen*: Präzisions-Raketen, die aufgrund ihrer extremen Geschwindigkeit von keinem Luftabwehrsystem abgefangen werden können und ihr Ziel aus tausenden Kilometern Entfernung auf den Meter genau treffen. Da nur Russland (und demnächst auch China) über solche Waffen verfügt – und ganz abgesehen davon, dass diese Raketen auch mit Nuklearsprengköpfen ausgestattet sein können –, sind USA und NATO in jeder direkten militärischen Auseinandersetzung unterlegen. Auch ihre vielfach grösseren Bataillone können da nicht helfen. Selbst ein massiver nuklearer «Erstschlag» auf Moskau und Sankt Petersburg kann eine durchschlagende Antwort auf Washington, New York oder London nicht verhindern – gegenseitige Vernichtung ist garantiert. Oder besser: war garantiert. Denn die überlegenen Luftverteidigungs-Systeme (S-400/S-500) können den russischen Luftraum für ballistische Raketen schliessen und den «Erstschlag» höchstwahrscheinlich abfangen. Doch auf den russischen Gegenschlag gibt es im Westen keine Verteidigung. Deshalb kann und wird die NATO in der Ukraine militärisch nicht direkt eingreifen.

2 Mit der Ankunft hypersonischer Präzisionswaffen auf dem Schlachtfeld – im Rahmen der russischen «Militäroperation» in der Ukraine wurden solche «Kinzhal»-Raketen erstmals eingesetzt – verändert sich die militärische Lage für das US-Imperium grundsätzlich und dramatisch. Nicht nur ist die Doktrin militärischer *Full Spectrum Dominance* des Globus haltlos geworden, erstmals in seiner Geschichte ist das «Homeland» der USA selbst nicht mehr sicher. Aus ihrer günstigen Lage können sie keinen Gewinn

Da nur Russland (und demnächst auch China) über hypersonische Waffen verfügt, sind USA und NATO in jeder direkten militärischen Auseinandersetzung unterlegen.

mehr ziehen – «Die Amerikaner sind ein sehr glückliches Volk. Sie sind im Norden und Süden von schwachen Nachbarn umgeben und im Osten und Westen von Fischen», hatte sie einst Otto von Bismarck angeblich mal umschrieben. Das Zeitalter der «billigen Kriege» und von Gegnern, vor denen man zu Hause nichts zu befürchten hatte, ist vorbei und wird nicht wiederkehren. Deshalb wird Russland mit seinen wohl noch auf längere Zeit unbesiegbaren Waffen seine im Dezember 2021 in Washington vorgebrachten Sicherheitsinteressen – militärische Neutralität der Ukraine, Rückzug von NATO-Mittelstrecken Raketen aus Osteuropa – so lange mit «militärisch-technischen Mitteln» durchsetzen, bis wasserdichte und schusssichere Verträge darüber vorliegen. Die USA können diesen Prozess in die Länge ziehen, indem sie weiter «bis zum letzten Ukrainer» (oder Europäer) kämpfen lassen, doch verhindern können sie ihn nicht.

3 Die geopolitische Strategie des kollektiven Westens – mit dem Ukraine-Konflikt und wirtschaftlichen Sanktionen einen Regime Change in Moskau herbeizuführen und dann den «Endgegner» China anzugehen – ist zum Scheitern verurteilt. Die Sanktionen haben sich schon jetzt als gefährlichen Bumerang erwiesen, weil sie Europa stärker treffen als Russland, das international keineswegs isoliert, sondern jenseits von NATOstan (mit etwa 15 Prozent der Weltbevölkerung) mit dem Rest der Welt weiter bestens im Geschäft ist und mit China wirtschaftlich und militärisch so eng zusammenarbeitet wie nie zuvor. Gegen den Rohstoff-Giganten Russland – es verfügt über mehr als ein Drittel aller fossilen Energien und Rohstoffe der Erde – und die mit ihm vereinte weltgrösste High-Tech-Werkstatt China einen Krieg gewinnen zu wollen, ist eine selbstmörderische Illusion.

Mit der absehbaren militärischen Niederlage in der Ukraine ist ein entscheidender geopolitischer Wendepunkt markiert: das Ende einer von Washington diktierten und militärisch durchsetzbaren «regelbasierten internationalen Ordnung». Und damit auch ein Ende der Rolle des «Petro-Dollars» als erzwungener internationaler Reservewährung sowie des US-Dollars als «billigem Geld», das in Unmengen gedruckt werden konnte, ohne an Wert zu verlieren, weil die ganze Welt, um ihr Öl und Gas zu bezahlen, für stetige Dollar-Nachfrage sorgte. Die letzten beiden Staatsmänner, die das Petro-Dollar-Monopol brachen und ihr Öl gegen Landeswährung anboten – Iraks ehemaliger Staatspräsident Saddam Hussein und Libyens ehemaliges Staatsoberhaupt

Gegen den Rohstoff-Giganten Russland und die welt-grösste High-Tech-Werkstatt China einen Krieg gewinnen zu wollen, ist eine selbstmörderische Illusion.

Muammar al- Gaddafi – konnten von NATOstan noch weggebombt werden. Das ist jetzt nicht mehr möglich. Schon zahlt etwa Indien sein Öl in Rubel gegen Rupien und weitere Länder werden dem Beispiel folgen. Ein alternatives globales Geld- und Finanzsystem mit einer rohstoff- und goldgedeckten internationalen Währung ist im Entstehen begriffen, das die globale Alleinherrschaft des Dollars und des westlichen Finanzkapitals beenden wird.

4 Eine EU, die sich auf Befehl der USA selbst stranguliert und von billiger Energiezufuhr aus Russland abschneidet, gibt nicht nur ihre wirtschaftliche Zukunft auf, sondern auch jede Souveränität. Sobald der Bumerang-Effekt der Sanktionen richtig zuschlägt – bisher hat Russland seine «Energiewaffe» noch gar nicht eingesetzt und beliefert Deutschland über die Ostsee-Pipeline Nord Stream 1 vertragsgemäss weiter – müssen sich vor allem die grossen europäischen Nationen fragen, ob sie sich einem Schicksal als abgehängte Kolonien des US-Imperiums wirklich ergeben wollen. Und wenn ja, wie sie als Regierende ihren arbeitslosen, verarmenden, frierenden Bürgern eine derart aussichtslose Zukunft verkaufen können, ohne mit Schande aus dem Amt gejagt zu werden. Dass «Freiheit und Demokratie» jetzt für die nächsten zwanzig Jahre statt am Hindukusch am Donbass verteidigt werden müssen, wird ihnen niemand mehr abkaufen. Eine EU ohne billige russische Rohstoffe ist global nicht wettbewerbsfähig und wird auseinanderfallen. Die Nationen werden sich entscheiden müssen: für den permanenten Krieg als Vasallen Washingtons, mit dem Ziel Regime Change in Moskau und Peking; oder für Handel und Wandel mit Russland und Eurasien, mit dem Ziel eines neuen Sicherheits- und Friedensvertrags in Europa.

5 Weil im ersten Kalten Krieg die militärischen und wirtschaftlichen Fähigkeiten der Sowjetunion im Westen regelmässig überschätzt wurden, kam ihr Zusammenbruch 1990/91 völlig überraschend. Der Kreml-Propaganda war es über Jahre gelungen, negative Entwicklungen schlicht unter dem Teppich zu halten.

Die angeblich zwecks Verbreitung von «Demokratie, Freiheit und Menschenrechten» geführten Kriege haben nichts als mörderisches Chaos angerichtet.

Im nunmehr neuen Kalten Krieg hat sich die Lage grundlegend verändert: Russland wird militärisch und wirtschaftlich heftig unterschätzt und die USA sind in einen Modus permanenter Erschaffung «alternativer» Realitäten verfallen, gegen den die gute alte Sowjetpropaganda geradezu verblasst. «Russiagate» zum Beispiel, die von A bis Z erfundene Story, dass Donald Trump von Putin erpresst und die US-Wahl von unsichtbaren «russischen Hackern» manipuliert wird, wurde fünf Jahre lang über alle Kanäle als Wirklichkeit präsentiert, samt Hillary Clinton, die so die «Putin = Hitler»-Gleichung schon 2016 in die Welt setzen konnte. Nicht nur die Medien waren in tragender Rolle als «Lügenpresse» in die Scharade involviert, auch Geheimdienste, FBI und der US-Kongress spielten ungeniert mit. Mit dieser faktenfreien Fake-News-Kampagne wurde der Grundstein für das anti-russische Narrativ gelegt, das mit der Zuspitzung des Ukraine-Konflikts dann in den Turbo-Modus überführt wurde. In dem dann die beispiellose Sanktionskampagne startete, die aber auf einer weiteren Fehleinschätzung der Fähigkeiten Russlands beruhte. Dieses Mal einer groben Unterschätzung: Völlig überraschend für die US-Think-Tanker und «Experten» stellte sich heraus, dass sich die russische Wirtschaft und der Rubel nicht durch «Einfrieren» (vulgo: Diebstahl) der russischen Dollar- und Euro-Reserven einfach ruinieren lässt. Russland hat trotz Sanktionen in den ersten fünf Monaten 2022 um 50 Prozent mehr mit dem Export von Öl und Gas eingenommen als im Vorjahreszeitraum und wird auch fortan unter den Sanktionen weitaus weniger leiden als der Westen. Und der Rubel, den Joe Biden zu «Rubble» (dt.: «Schutt») zertrümmern wollte, ist die stärkste Währung des Jahres 2022.

6 Dass die NATO schon lange kein «Verteidigungsbündnis» mehr ist, sondern seit 1999 mit Angriffskriegen mehr Verwüstung und Katastrophen gestiftet hat als jedes andere Militärbündnis, ist keine russische Verschwörungstheorie, sondern historische Tatsache. Wie von Jugoslawien gingen auch vom Irak, von Libyen, Syrien oder zuletzt Afghanistan keine Gefahren für die USA

oder Europa aus – und dennoch «verteidigte» die NATO dort kräftig mit, als Vasall der geopolitischen Interessen des US-Imperiums. Diese angeblich zwecks Verbreitung von «Demokratie», «Freiheit» und «Menschenrechten» geführten Kriege haben nichts als mörderisches Chaos angerichtet und dazu geführt, dass es etwa in Libyen – dem zuvor prosperierendsten Land Afrikas – mittlerweile wieder offene Sklavenmärkte gibt. Und jetzt in der Ukraine Bataillone lupenreiner Nazis, die von der NATO trainiert und aufgerüstet wurden, um als Speerspitze den Kampf gegen Russland und gegen die russischsprachigen Ukrainer in der Donbass-Region zu führen. Diese Angriffe, die seit 2014 über 13 000 zivile Opfer gefordert haben, zu beenden, ist das erklärte Ziel der sogenannten russischen «Militäroperation», das mutmasslich bald erreicht sein wird, da die ukrainische Armee täglich 500 getötete oder verletzte Soldaten verliert. Für die NATO, die diese Armee und den Krieg mit allen Mitteln (ausser mit Bodentruppen) unterstützt und sich – gerade von einer Barfuss-Truppe aus Afghanistan vertrieben – dank der russischen Intervention wieder «vereint wie nie» fühlt, würde dies eine weitere, demütigende Niederlage bedeuten. Weil Russland seine Sicherheitsinteressen nicht nur in der Ukraine, sondern auch in den Nachbarländern notfalls «militärisch-technisch» durchsetzen wird – und die NATO nichts dagegen unternehmen kann –, macht sie sich als «Schutzmacht» definitiv überflüssig. Und damit macht sie zugleich den Weg frei für eine neue Sicherheitsarchitektur für Europa und Asien, die von Lissabon bis Peking reicht.

7 Nicht die «Ostpolitik» von Willy Brandt und Egon Bahr («Wandel durch Annäherung»), die von dumpfen Bellizisten derzeit als «historischer Fehler» beschimpft wird, war falsch, sondern die Politik der USA, ihre Raketen um jeden Preis, auch um den eines Kriegs, in der Ukraine aufzustellen. Nicht Russlands Drängen auf eine Wiedervereinigung nach den Minsk-Abkommen war der historische Fehler, sondern die Ignoranz gegenüber russischen Sicherheitsbedenken und die Aufrüstung der Ukraine. Und nicht die zuverlässige, naheliegende und günstige Versorgung Deutschlands mit russischem Öl und Gas ist der «Jahrhundertfehler» (Der Spiegel), sondern die anglo-amerikanische Strategie, das Zusammenwachsen Eurasiens, besonders eine deutsch-russische Kooperation, zu verhindern. Zweimal ist das im vergangenen Jahrhundert gelungen, um den Preis zweier Weltkriege. Wenn Europa nicht erneut zum Schlachtfeld eines Weltkriegs werden will, darf

es sich nicht länger vor den Karren dieser geopolitischen Strategie spannen lassen. Ihr Scheitern ist mit dem russischen Einmarsch in der Ukraine evident geworden. Es markiert das Ende der unipolaren Welt und dem von den amerikanischen Neokonservativen seit drei Jahrzehnten betriebenen Projekt, in jeder Region der Welt über die militärische Vormachtstellung zu verfügen, die jede aufstrebende Macht zur Unterwerfung zwingt. Damit ebenfalls beendet wird die Hegemonie des von der Wall Street und der City of London kontrollierten Finanzkapitals und der globalen Währungspolitik. Mit der gold- und rohstoffgedeckten Verrechnungseinheit auf Rubel/Yuan-Basis entsteht für 85 Prozent der Welt eine höchst willkommene Alternative zum schuldenbasierten FIAT-Money, den Dollars und Euros der westlichen Hemisphäre.

8 «Ich bin nicht sicher, mit welchen Waffen der dritte Weltkrieg ausgetragen wird, aber im vierten Weltkrieg werden sie mit Stöcken und Steinen kämpfen», hat Albert Einstein gesagt. Heute, da wir über das verfügbare Arsenal ziemlich sicher sind, ist seine Warnung dringlicher denn je. Wem es um ein Ende des Konflikts geht, darf keine Waffen liefern, wer das Leid der Menschen in der Ukraine beenden will, muss verhandeln statt schiessen, wer Frieden will, darf nicht dem Plan der anglo-amerikanischen Geo-Strategen folgen, den Russen in der Ukraine «ihr Afghanistan» zu bereiten und sie in einen endlosen Guerillakrieg zu verwickeln. Und schon gar nicht darf er sich dazu – zumal als Deutscher – mit lupenreinen Nazis des Asow-Regiments verbünden. Und sollte sich fragen, was eigentlich verdammt noch mal gegen die Sicherheitsforderungen Russlands – eine militärisch neutrale Ukraine – spricht. Und warum man diese nicht ernst nehmen und um des lieben Friedens willen endlich akzeptieren kann. Bis es so weit ist, bleibe ich «Putinversteher» und bitte alle NATO-Versteher und Freunde der Jugoslawien-, Irak-, Libyen-, Syrien- und Afghanistan-Kriege, ihre Position zu überdenken. Peace!

Der voriegende Text ist ein Auszug aus Mathias Bröckers neustem Buch. Es ist in gewisser Hinsicht die Fortsetzung seiner Bestseller «Wir sind die Guten – Ansichten eines Putinverstehers» (zusammen mit Paul Schreyer) von 2014 und seiner aktualisierten Neufassung von 2019.

Vom Ende der unipolaren Welt – warum ich gegen Krieg, aber noch immer «Putinversteher» bin. fifty-fifty, 2022. 240 S. € 20.–. buchkomplizen.de

Eine friedenspolitische Seidenstrasse?

China, auf das der Westen angewiesen ist, ist der einzige potente Vermittler

Scholz' kürzlicher Besuch in China war mit Sicherheit ein wichtiges Ereignis. China und Deutschland sind die wichtigsten Exportnationen der Welt. Was sie beschliessen, betrifft automatisch alle andern. Zudem hat seit drei Jahren kein Führer eines G7-Staates China besucht.

Dass beim Besuch von Scholz einiges auf dem Spiel stand, zeigt die Wortwahl von Guntram Wolff, Direktor der «Deutschen Gesellschaft für Auswärtige Politik» (DGAP), die deutsche Partnerorganisation des «Council on Foreign Relations», einem hochelitären Club, wo seit mehr als hundert Jahren die Grundzüge der expansiven Aussenpolitik des Grosskapitals formuliert wird.

Guntram Wolff erteilte Scholz vor seiner Reise nach China regelrecht Anweisungen – in einem Artikel in der Londoner Financial Times. Wolff schrieb u.a.:

> «Erstens muss [Scholz] eine klare Haltung zur Bedeutung von Sanktionen gegen Russland einnehmen. Jegliche Waffenhilfe oder materielle Unterstützung für Russland untergräbt die europäische Sicherheitsordnung, die wichtiger ist als wirtschaftliche Vorteile aus dem Handel. Pekings Unterstützung für Moskaus Krieg gegen die Ukraine war bisher sehr zurückhaltend. … Bei seinem Treffen mit Xi muss sich Scholz darüber im Klaren sein, dass jede Änderung der Po-

Der Westen wollte, dass Deutschland den Druck auf China verstärkt. *Aber es gibt Hinweise, dass Bundeskanzler Scholz und Staatschef Ji Jinping Friedensverhandlungen vorbereiteten.*

sition zu einer Eskalation der geopolitischen Spannungen führen würde. …
Zweitens: Massive staatliche Subventionen aus Peking [verzerren] die Wettbewerbsbedingungen. China macht den Technologietransfer zunehmend zur Bedingung für den Marktzugang und nutzt den Handel als politisches Zwangsmittel. … [Scholz] sollte sagen, dass Deutschland weiterhin die Entwicklung von Instrumenten wie dem EU-Mechanismus gegen wirtschaftliche Nötigung und dem Prüfsystem für russische und belarussische Investitionen unterstützen wird.
Die dritte Botschaft sollte sich an diejenigen richten, die mit Scholz nach Peking reisen. Deutsche Unternehmen können weiterhin mit China Handel treiben, aber kritische Abhängigkeiten müssen abgebaut werden. Das kann im Falle einer geopolitischen Konfrontation bedeuten, auf Gewinne zu verzichten.»

Im Klartext: Scholz soll China auf die westliche Linie bringen, selbst wenn das weitere wirtschaftliche Nachteile für Deutschland und seine Unternehmen bedeutet.

Gemäss Pepe Escobar, einem der kompetentesten geopolitischen Journalisten ausserhalb des Mainstreams reiste Scholz nach China, um ein Friedensabkommen mit Russland vorzubereiten. Escobar beruft sich allerdings auf nicht näher bezeichnete Quellen. Er schreibt:

«Solide Quellen aus der deutschen Wirtschaft widersprechen der ‹Botschaft› der ‹Deutschen Gesellschaft für Auswärtige Politik› völlig. Diesen Quellen zufolge ist die Scholz-Karawane nach Peking gereist, um im Wesentlichen die Schritte für ein Friedensabkommen mit Russland vorzubereiten, mit China als privilegiertem Boten.

Das ist geopolitisch und geoökonomisch von grösstmöglicher Brisanz. … Die Scholz-Karawane versucht möglicherweise, einen langen und verschlungenen Prozess in Gang zu setzen, um die USA schliesslich durch China als wichtigsten Verbündeten zu ersetzen. Man sollte nie vergessen, dass Deutschland (das Ruhrgebiet) der wichtigste BRI-Handels-/Verbindungspunkt der neuen Seidenstrasse (Belt and Road Initiative, BRI) in der EU ist. Einer der Quellen zufolge ‹können sich Deutschland, China und Russland gemeinsam verbünden und die USA aus Europa vertreiben, wenn diese Bemühungen erfolgreich sind›.

Escobars Einschätzung wurde in seriösen alternativen Medien aufgrund eines häufigen Mangels auch heftig kritisiert: nicht namentlich genannte Quellen.

Aber: Wenn Russland und die USA nicht mehr miteinander reden können und dies nicht einmal mehr wollen, braucht es stärkere Kräfte, sie an einen Tisch zu bringen. China und Deutschland als wichtigste Industrienationen der Welt haben das Potenzial dazu. Sie haben finanzpolitisch und medienmässig zwar nicht die Potenz der USA. Aber für die Versorgung mit Gütern sind sie zusammen für den Westen absolut unersetzlich.

Wenn Deutschland die Deindustrialisierung verhindern will, braucht es einen starken Partner ausserhalb des Westens. Wenn China die Eskalation stoppen will, die früher oder später zu einem Krieg um Taiwan führen wird, braucht es einen starken Partner im Westen.

Christoph Pfluger

Die Tage Selenskis

Wenn sich der Westen in der Ukraine als Sieger darstellen will, braucht er einen Verlierer. Es kann nicht Putin sein.

Von Christoph Pfluger

Die Ukraine produziert gerade nicht sehr viele Schlagzeilen – ein deutliches Zeichen, dass sich Entscheidungen vorbereiten. Vermutlich steht ein Strategiewechsel bevor. Der Westen muss sich entscheiden: Soll er weiterhin seine eigene Bevölkerung darben lassen und all seine Ressourcen in den Krieg in der Ukraine werfen, nur, um die unvermeidliche Niederlage hinauszuschieben? Oder will er tatsächlich einen Ausweg aus der Sackgasse finden.

Die Taten des Westens sprechen nicht gerade für eine nachhaltige Unterstützung des Krieges. Zu seiner kürzlichen Visite in Kiew kam der neue britische Premier zwar mit netten Worten, aber mit leeren Händen. Gerade mal Waffen im Wert von 50 Mio. Pfund war das Mitbringsel aus Grossbritannien, wo bis vor kurzem noch die Oberscharfmacher Boris Johnson und Liz Truss herrschten. Die milde Gabe von Rishi Sunak reicht – gemessen an den Kriegskosten – gerade mal für ein paar Stunden. Unterstützung bis zum Endsieg sieht anders aus.

Ist Ihnen die Pause bei den russischen Raketenangriffen der letzten Tage auch aufgefallen? In Moskau hat man offenbar plausible Gründe, auf ein Verhandlungssignal aus dem Westen zu warten. Aber wenn nicht bald ein deutliches Zeichen kommt, wird es weitere Salven geben, die ein zusätzliches Stück Ukraine in Kälte und Dunkelheit versinken lassen. Die Verhandlungstür wird

Damit der Westen sein Gesicht wahren kann, muss Selenski seines verlieren.

Die USA können das tun, worin sie schon immer die Besten wahren: einen Krieg verlieren und den Sieg erklären.

sich dann abermals öffnen und den Blick auf Selenskis fatales Dilemma freigeben: Entweder er akzeptiert die russischen Gebietsgewinne und einiges mehr und wird als Loser entsorgt. Oder er führt den zerstörerischen Krieg fort und wird von den echten Militärs weggeputscht, die es in der Ukraine zweifellos noch gibt. Oder er wird vom Westen ganz fallengelassen oder vom eigenen Volk zur Hölle geschickt. Oder alles zusammen.

Es wird gefährlich im Führerbunker in Kiew. Ob Selenski dann nach Florida flüchten darf, ist unwahrscheinlich. Damit der Westen sein Gesicht wahren kann, muss Selenski seines verlieren. Und möglicherweise sein Leben dazu. Das erleichtert die Kontrolle über die Vergangenheit und das Narrativ.

Damit der Westen gewinnen kann, muss also Selenski verlieren. Dann können die USA das tun, worin sie schon immer die Besten wahren: einen Krieg verlieren und den Sieg erklären. Es ist gelungen, die russische Expansion zu stoppen, wird dann zu hören sein. Und wenn Selenski nicht so ein verlogener und beratungsresistenter Clown gewesen wäre, hätte man auch wirklich gewonnen.

Aber die Siegesfreude wird nicht lange dauern. Denn Europa, wo bereits die Flüchtlinge aus den US-Kriegen in Afghanistan, im Irak, in Syrien, in Libyen und anderen afrikanischen Ländern die Heime füllen und die öffentlichen Kassen leeren, dieses Europa wird von Millionen von Flüchtlingen aus der Ukraine überschwemmt werden.

Wie das winterkalte und keineswegs geeinte Europa mit einer Millionenwelle von Flüchtlingen fertig werden will, wissen wir nicht. Was wir wissen, ist, dass sie noch zu verhindern wäre, indem einer der westlichen Führer nach Moskau fahren, sich an Putins langen Tisch setzen und den Bann der westlichen Selbstüberschätzung brechen würde. Die kommende grosse Niederlage ist nur zu verhindern, indem man die jetzige «kleine» eingesteht. Schwierig. Aber niemand hat gesagt, dass Staatskunst ein Kinderspiel ist. ●

Finden wir eine neue Melodie?

Kann unser Herzenswunsch nach einer friedlichen, gerechten Welt erhört werden? Wie kann er Wirklichkeit werden?

Von Markus Stockhausen

Wir leben in einer Zeit extremer Herausforderungen von Wandel und globaler Transformation. Da sind wir uns alle einig.

Mein Ausgangspunkt ist ein Weltbild, das eine menschliche Entwicklung und seelische Reifung über sehr grosse Zeiträume beinhaltet, mit verschiedensten Existenzformen. Ich stelle hier Fragen, die Impulse geben und zum Weiterdenken anregen wollen.

- Kann sich das Gute*, Lebensfördernde durchsetzen in der bedrohlichen Welt von heute?
- Wie können wir uns als Menschheit bewusster werden über das, was hier auf der Erde vor sich geht, und was in uns selbst vorgeht? Denn sind nicht die äusseren Ereignisse auch eine Spiegelung unserer inneren Konflikte?
- Inwieweit sind wir alle gemeinsam verantwortlich für das globale Geschehen?
- Kann und wird die Initiative und der Wille zum Guten* von Einigen eine spürbare Auswirkung auf das Ganze haben? Reicht das?

- Können wir auf Erden eine höhere göttliche Ordnung (Kosmos = Ordnung) manifestieren in Harmonie?
- Können wir an unsere Götter, die weisen Weltenlenker appellieren, dass sie gemeinsam mit uns eine friedlichere Welt auf der Erde ermöglichen?
- Brauchen wir als seelische Wesen weiterhin Extreme wie Krieg und brutale Gewalt, um reifen zu können? Muss das so sein, und muss das so bleiben?
- Wird zur menschlichen Entwicklung hier auf der Erde auch in ferner Zukunft weiterhin das Spiel der extremen Gewalten dazugehören, so wie seit tausenden von Jahren? Sind nicht alle grossen Zivilisationen wieder untergegangen? Bleibt es das ewige Schicksal hier auf Erden?
- Oder können wir das für das seelische Wachstum notwendige Reifen an Konflikten auf subtilere Ebenen verlagern, wie Theater, Schauspiel, Wettkämpfe, Debatten, Zweikämpfe, Beziehungen, ohne die grausamen Zerstörungswellen?
- Wenn die Freiheit das höchste Prinzip im Universum ist, können wir als Menschheit dann nicht aus unserem freien Willen eine friedliche Welt ohne Kriege und Grausamkeiten erschaffen?
- Können wir eine für *alle* Menschen verbindliche humane Ethik definieren, die ein friedliches und ausgeglichenes Miteinander auf der Erde zum Ziel hat?

Proklamation der Freiheit

Verkünden wir den freien Menschen, der sein volles schöpferisches Potenzial in einer friedlichen Welt verwirklichen kann. Ohne Rüstungsindustrien und Kriege. Unsere Werte sind Respekt voreinander, Achtung, Wertschätzung, Rücksicht, Unterstützung, Verantwortung, Mitgefühl, Liebe. Respekt auch im Umgang mit den Tieren, den Pflanzen, den Böden und den Schätzen von Mutter Erde. Jeder Mensch kann gesundes Essen, ein Dach über dem Kopf, eine gute und ethische Erziehung, Ausbildung und soziale Absicherung erhalten. Reines Wasser, gesunde Nahrung und gesunde Heilmittel für alle. Es ist genug für alle da. Wir sind eine Menschheitsfamilie. Ein gerechter Ausgleich von allem für alle ist möglich. Unsere Vision ist klar für das Leben, für eine weltweite Gemeinschaft in Freiheit, Gerechtigkeit und Frieden mit allem Leben auf unserer Erde. MS

- Können wir eine Erziehung für alle Kinder und Jugendliche *weltweit* etablieren, die als Erstes *alles Leben* in seiner Vielfarbigkeit achtet, respektiert und schützt?
- Würden sich nicht 95 Prozent aller Menschen für eine friedliche Welt aussprechen, ohne Kriege, ohne Hungersnöte, mit gerechter Verteilung aller Güter an alle?
- Warum also gelingt es uns nicht, kollektiv Frieden auf Erden zu schaffen?
- Wie können wir die Gier und den individuellen und kollektiven Egoismus überwinden?
- Kann unser Herzenswunsch nach einer friedlichen, gerechten Welt erhört werden? Ja, kann er möglichst bald Wirklichkeit werden?
- Kurzum frage ich als Musiker: Können wir eine neue Melodie anstimmen?
- Oder müssen wir erst wieder hinab in die absolute Tiefe des Chaos und der Zerstörung, bis ein neuer Menschheitszyklus vielleicht etwas besonnener und gelingender das Leben hier gestaltet?
- Können wir individuell und kollektiv einen *Willen* zu einer friedlichen und gerechten Welt artikulieren, eine klare *Vision* skizzieren, mit daraus folgenden Taten? ●

*In seinem Blogbeitrag auf interbeing.de «Abseits des Lichts – Über das Wesen des Bösen II» schreibt Claus Eurich:

«Um in die Welt zu treten, benötigt das Böse den menschlichen Geist und die menschliche Seele als Resonanzfeld. Hier liegt der Schlüssel. Albert Schweitzer mass Gut und Böse an der Lebensdienlichkeit. Gut ist, was dem Leben dient, es fördert und seine Potentiale befreit. Böse ist, was Leben willentlich und wissentlich schädigt, an seiner Entfaltung hindert, vernichtet. Sich dessen auf den Wegen unseres Lebens bei allem Tun und Nichttun zu erinnern und zu vergewissern, verweigert dem Bösen den Zutritt in das bewusste Leben. Es schafft Raum für die Liebe.»

Markus Stockhausen (*1957) ist Trompeter und Komponist und bekannt als vielseitiger Grenzgänger. 25 Jahre lang konzertierte er mit seinem Vater, dem Komponisten Karlheinz Stockhausen. Er erhielt viele Preise, u.a. die «Silberne Stimmgabel», den JTI Jazz Award und den Deutschen Jazzpreis als bester Blechbläser. Er gibt Seminare zum Thema «Intuitive Musik». Sein Interesse gilt der «Transformation durch Klang». Über 90 CD-Veröffentlichungen.
Markus Stockhausen ist Mitinitiant des Netzwerks **«Musik in Freiheit»** (musik-in-freiheit.de) und regelmässiger Autor auf zeitpunkt.ch
www.markusstockhausen.de

Sie verloren ihre Töchter – und wurden Freunde

Ein Israeli und ein Palästinenser –waren vor kurzem gemeinsam für Frieden und Gerechtigkeit in der Schweiz unterwegs.

Smadar, ‹die Weinrebe› aus dem Hohelied Salomos, war lebhaft, fröhlich, eine gute Schülerin, spielte Klavier und liebte Jazz. 1997 starb sie, 14 Jahre alt, bei einem palästinensischen Selbstmordattentat: «Sie wollte Schulbücher kaufen und sich später für einen Jazzdance-Kurs anmelden. Ein schöner, ruhiger Tag. Sie bummelte mit ihren Freundinnen die Strasse hinunter und hörte Musik», erzählt ihr Vater. Beerdigt wurde sie neben ihrem Grossvater, General Matti Peled, der sich für einen gerechten Frieden für Palästina und Israel eingesetzt hatte.

Rami Elhanan, Israeli. Nach dem Tode seiner Tochter hatte Rami Rachegedanken. Dann lernte er einen orthodoxen Rabbiner kennen, dessen Sohn als Soldat 1994 von der Hamas entführt und getötet worden war. Der Rabbiner hatte den Parents Circle gegründet, für Palästinenser und Israelis, die Angehörige verloren hatten und trotzdem Frieden wollten. Im Parents Circle realisierte Rami zum ersten Mal, dass Palästinenser menschliche Wesen sind: «Dann sah ich diese Frau, ganz in Schwarz, in einem traditionellen Kleid und mit Kopftuch – eine Frau, die ich an einem anderen Ort vielleicht für die Mutter eines der Mörder meines Kindes gehalten hätte. (...) Sie hielt ein Foto ihrer Tochter vor der Brust. (...) Ich war wie vom Donner gerührt: Diese Frau hat auch ihr Kind verloren. (...) Der Schmerz dieser Frau unterschied sich in nichts von meinem Schmerz.» Zudem erkannte Rami, dass es in der israelischen Politik nicht um «Sicherheit» geht, sondern darum, «andere

«Wir begegneten uns als Feinde, die miteinander reden wollten.»
Bassam Aramin, der Palästinenser (links) und Rami Elhanan, der Israeli, überwanden die Trauer über den Verlust ihrer Töchter und den Hass auf den «Gegner» und sind nur für den Frieden unetrwegs. (Bild Katja Harbi)

Menschen zu beherrschen, ihr Leben, ihr Land, ihren Kopf. Es geht um Kontrolle. Das heisst um Macht.»

Abir, ‹Duft der Blüte› aus dem Altarabischen. Sie zeichnete gerne und wollte später Ingenieurin werden. 2007 wurde sie von einem jungen israelischen Grenzpolizisten getötet, «der sein Gewehr hinten aus dem Jeep schob und direkt auf sie zielte.» Sie war zehn Jahre alt. Während der Pause hatte sie zwei Armbänder aus Zuckerperlen gekauft. «Auf dem Rückweg zur Schule schenkte Abir das zweite Armband ihrer Schwester Areen,» schreibt ihr Vater. Kurz vor dem Schultor traf sie der Schuss am Hinterkopf. Da man ihr im örtlichen Spital nicht helfen konnte, sollte sie in ein Spital nach Israel verlegt werden. Am Checkpoint wurde der Krankenwagen zwei Stunden aufgehalten. Im Spital starb Abir.

Bassam Aramin, Palästinenser. Er wuchs unter israelischer Besatzung auf: «Sie kommen in Jeeps und Panzerfahrzeugen, patrouillieren auf den Strassen und sagen, zeig mir deinen Ausweis, stell dich an die Wand, halt's Maul, umdrehen, runter auf den Boden. Sie stürmen in dein Zuhause, sperren es ab, schlagen alles kurz und klein. (...) Sie verhaften deinen Vater, deine Brüder, deinen Onkel.» Mit 12 Jahren erlebte er an einer Demonstration, wie ein Junge von einer Kugel tödlich getroffen wurde. «In diesem Augenblick entstand in mir ein tiefes Verlangen nach Rache», so Bassam. Nach einem Angriff auf israelische Militärjeeps kam er mit 17 Jahren ins Gefängnis.

Dort befasste er sich mit der jüdischen Geschichte, lernte Hebräisch und las Schriften von Gandhi und Martin Luther King. «Und mit der Zeit dachte ich, dass sie vielleicht recht hatten, dass sich Frieden nur durch Gewaltverzicht und Widerstand erreichen lässt», so Bassam.

1992 kam er frei, gründete eine Familie und setzte sich für ein Ende der israelischen Besatzung ein. 2005 begannen er und drei andere Palästinenser sich heimlich mit ehemaligen israelischen Soldaten zu treffen: «Wir begegneten uns als Feinde, die miteinander reden wollten.» Nach vielen Gesprächen gründeten sie die israelisch-palästinensische Organisation Combatants for Peace.

Nach dem Tode von Abir schloss sich Bassam dem Parents Circle an und begann sich zusammen mit Rami Elahan für einen gerechten Frieden zwischen Palästina und Israel einzusetzen. *Ariet Güttinger*

Quelle: Colum McCann: Apeirogon. (Rowohlt, 2022). In diesem Bestseller auf der Grundlage der wahren Geschichte von Bassam Aramin und Rami Elhanan beantwortet der Autor Colum McCann die zeitlosen Fragen: Wie leben wir weiter, wenn das Liebste verloren ist? Und: Wie kann der Mensch Frieden finden? Mit sich selbst, mit anderen.

«Ich arbeite auf der Nanomillimeterebene»

Jochi Weil – Brückenbauer zwischen jüdischen und palästinensischen Menschen. *Von Ariet Güttinger*

Zu finden ist Jochi Weil am zweiten Freitag jeden Monats von 12 Uhr 30 bis 13 Uhr an der Zürcher Mahnwache für einen gerechten Frieden in Israel/Palästina, im Sommer am Central, im Winter am Paradeplatz. Schon von weitem ist dort das Schriftband «Schluss mit Besatzung und Krieg in Palästina und Israel» und die grossen schwarzen Hände beschriftet mit «Stoppt Siedler» oder «Nein zu Landraub» zu sehen.

Unbeirrbar für den Frieden: *Jochi und Anjuska Weil mit Freunden bei ihrer monatlichen Mahnwache. (Bild: zVg)*

Dieses Jahr feierte Jochi Weil seinen 80. Geburtstag. Zur Ruhe gesetzt hat er sich nie. Zu sehr beschäftigt ihn der Unfrieden im Nahen Osten. Letztes Jahr hat er das Netzwerk «Ina autra senda – Swiss Friends of Combatants for Peace in Israel/Palästina» mitbegründet, mit dem die politische Debatte zum Problem Israel/Palästina angeregt werden soll. Er hat auch die Vortragsreise von Bassam Aramin und Rami Elhanan mit sieben Abenden in der Schweiz organisiert (siehe den vorangehenden Artikel).

Bis zum Sechstagekrieg von 1967 hatte Jochi Weil, der aus einer jüdischen Familie stammt, Israel vorbehaltlos unterstützt. Nach dem Sieg Israels reiste er mit seiner Frau Anjuska nach Israel, wo sie in einem Kibbuz arbeiteten. Nach Berichten von zurückgekehrten Soldaten begann seine Unterstützung für die israelische Politik zu bröckeln: «Es war vom Häuserkampf in Jericho die Rede: Eine Einheit nahm Haus um Haus ein, schliesslich kam sie in einen Raum, in dem ein paar Araber waren – damals nannte man sie noch nicht Palästinenser. Sie sahen, dass einer eine Handgranate im Hosenbund hatte.» Die Soldaten erzählten, sie hätten schliesslich alle erschossen.

«Da ist etwas passiert mit mir. Ich fragte mich: Wie verträgt sich das mit dem Humanismus? Denn eine humanistische Erziehung war in unserer Jugendbewegung, dem Hashomer Hatzair, sehr wichtig.»

Für die Verständigung zwischen Israelis und Palästinensern: *Der achzigjährige Jochi Weil und seine Frau Anjuska haben viele Friedensprojekte initiiert. (Bild: zVg)*

Mit seiner Frau begann sich Jochi Weil für ein Ende der Besatzung und eine Zwei-Staaten-Lösung einzusetzen. Er weiss, dass er in der grossen Politik nichts ändern kann. In dieser Ohnmacht hat er den Ausweg der paradoxen Hoffnung (Erich Fromm) gefunden: So arbeitet er eben im Kleinen «auf der Nanomillimeterebene».

Er hat die Kampagne Olivenöl aus Palästina mitbegründet und engagierte sich seit über 30 Jahren bei medico international schweiz für die Westbank, Gaza und den Brückenbau mit Israel.

Die Religion ist Jochi Weil wichtig. Er ist Mitglied der Israelischen Cultusgemeinde Zürich ICZ. Für ihn ist die Zedeka (5. Buch Moses), der allgemeine Begriff für Gerechtigkeit im jüdischen Glauben zentral: «Der Gerechtigkeit und nur der Gerechtigkeit sollst du nachjagen», sagt Jochi Weil. «Vor sehr langer Zeit soll ein Rabbiner gesagt haben: Die Welt beruht auf drei Säulen: Wahrheit – Recht – Frieden. Ohne Recht und Gerechtigkeit gibt es keinen Frieden.» Das sind Leitlinien von Jochi Weil und seiner Frau Anjuska bis heute.

olivenoel-palaestina.ch

BIO & Fair
فلسطين
Olivenöl aus Palästina
huile d'olive > extra vergine

Gibt es eine falsche Seite für humanitäre Hilfe?

Der Verein Friedensbrücke – Kriegsopferhilfe e.V. in Wandlitz/Brandenburg hilft seit 2015 Menschen in der Ost-Ukraine mit Lebensmittellieferungen, Saatgut und Kinderspielzeug. Bis zum Februar dieses Jahres wurde er dafür gelobt. Nun wird ihm Russlandfreundlichkeit vorgeworfen, und es wird ermittelt wegen «Leugnung von Völkermord» nach §130. Ich sprach mit der Vereinsvorsitzenden Liane Kilinc gleich nach ihrer Rückkehr aus Mariupol und Donezk. *Von Christa Dregger*

«80 % von Mariupol sind zerstört, man sieht kaum noch Fenster in den Häusern. Russland ist dabei, die Infrastruktur zu reparieren. Ich habe trotzdem keine Ahnung, wie die Menschen durch den Winter kommen werden. Dabei ist Mariupol von den befreiten Gebieten noch das sicherste. Donezk steht 24 Stunden am Tag unter Beschuss. Es braucht ein paar Tage, bis man sich daran gewöhnt, bis dahin hat man Herzrasen. Strassen und Spielplätze sind leer, die Menschen wagen sich kaum hinaus. Das wichtigste, was gebraucht wird, ist Trinkwasser.»

Erschütterung und Erschöpfung sprechen aus der Mine der Vereinsvorsitzenden Liane Kilinc, als sie mir per Video-Call von ihren Eindrücken erzählt. Ihr 2015 gegründeter Verein «Friedensbrücke – Kriegsopferhilfe e.V.» ist die einzige westliche Organisation, die auch jenseits der Front Hilfslieferungen organisiert. Das wird ihr

seit Kriegsausbruch vorgeworfen. Dabei organisiert Kilinc schon seit vielen Jahren Hilfe – nicht nur in die Ost-Ukraine, sondern vorher auch in Tschernobyl, Syrien, für verfolgte Journalisten und Holocaust-Überlebende.

Wenn den Kindern nicht geholfen wird, *werden sie zu einer verlorenen Generation. (Alle Bilder: Screenshots aus einem Video der Friedensbrücke)*

Der jetzige Verein entstand nach einer Russlandreise im Mai 2015. Damals waren einige politische Freunde aus Anlass des 70. Jahrestages vom Ende des Zweiten Weltkrieges, der «Zerschlagung des deutschen Faschismus» nach Moskau gefahren. Es war auch das Jahr nach den Maidan-Protesten in der Ukraine, durch die die damalige Regierung zur Abdankung gezwungen wurde. Und das Jahr nach den Referenden in der Ost-Ukraine, in denen sich eine Mehrheit der Bevölkerung für Auto-

«Donezk steht 24 Stunden am Tag unter Beschuss. Es braucht ein paar Tage, bis man sich daran gewöhnt, bis dahin hat man Herzrasen.»

«Wir haben von Donezk aus auch Dörfern auf der ukrainischen Seite geholfen, wo man vom Westen aus gar nicht hinkam. Ohne unsere Verbindungen wäre das nicht möglich geworden.»

nomie von der Ukraine aussprach, die aber vom Westen nicht anerkannt wurden.

Auf ihrer Moskau-Reise erfuhr die kleine Delegation aus Deutschland von Hilfsaktionen für die Menschen im Donbass. «Es sterben und leiden Menschen. Denen musste geholfen werden. Wir gründen einen Verein, der den Opfern von Krieg Linderung bringt, der ihnen Aufmerksamkeit schenkt, das Gefühl, nicht vergessen zu sein, Hoffnung! Hilfe vor Ort! Nicht hier oder irgendwo, sondern dort, wo der Krieg lebt und die Menschen sterben.» So steht es auf der Webseite des Vereins «Friedensbrücke/ Kriegsopferhilfe e.V.», der am 18.06.2015 gegründet und kurz darauf als gemeinnützig anerkannt wurde. Falko Hartmann, Kassenwart des Vereins: «Ich bin immer dabei, wenn es um Arbeit für die Kriegsopfer im Donbass geht. Da wird nicht lang geredet, da wird gehandelt.»

Der Verein nutzte langjährige Kontakte zu alten Freunden in Russland und die Gemeinnützigkeit in Deutschland, um erste Projekte und Hilfslieferungen zu initiieren. Bald stellten sie fest, dass das gespendete Geld wesentlich besser eingesetzt war, wenn Lebensmittel, Hygieneartikel, Schulhefte und Saatgut weitgehend vor Ort und in Russland gekauft wurde. Kilinc: «Das kostet nur ein Bruchteil des Geldes, und ausserdem fördern wir damit die Kaufkraft im Land selbst.»

Auch die dringend notwendigen Medikamente müssen in Russland gekauft werden, EU-Sanktionen verbieten ihre Einfuhr. Weiterhin organisiert und finanziert die «Friedensbrücke» Friedenscamps für Kinder, die Evakuierung von Kindern und Müttern, Sanatoriumsaufenthalte, die Versorgung von Menschen in Altenheimen,

Waisenhäusern und Flüchtlingsheimen. Auch Mal- und Bastelwettbewerbe oder Sport- und Kulturveranstaltungen und Kinderfeste sind auf ihrer Webseite dokumentiert. Das Geld für diese Arbeit kommt durch Spenden in Deutschland zusammen.

Da wird nicht lang geredet, da wird gehandelt: *Liane Kilinc, Präsidentin der «Friedensbrücke» vor Ort im Donbass.*

Eine der Grundvoraussetzungen für den Verein ist nach eigenen Angaben von Anfang an eine enge Zusammenarbeit mit den Behörden, um Korruption und Missbrauch von vornherein auszuschliessen. Durch Stadtverwaltungen und Bürgermeister erhalten sie Listen, wo Hilfe am nötigsten ist. Gerade die engen Kontakte zu Russland und der nicht anerkannten Regierung von Donezk werden ihnen nun vorgeworfen. Am 26. Oktober kam der 47. Transport mit 20 Tonnen Hilfsgütern in Donezk an. Die Transportkosten von 150 000 Rubel (etwa 2500 Euro) finanzierte der Verein. Liane Kilinc ist als Vorsitzende des Vereins mit dabei.

«Im Gespräch mit den Menschen erfuhren wir, dass die meisten Einwohner Russland als Befreier wahrnehmen. Flüchtlinge sagen uns, dass für Menschen, die Verwandte in Europa haben und dorthin ausreisen wollen, Busse über Weissrussland und Polen organisiert würden. Wer bleiben will, kann die russische Staatsbürgerschaft erhalten. Von vielen Flüchtlingen haben wir grauenhafte Berichte von Kriegsverbrechen und Hinrichtungen erfahren – durch die ukrainische Seite.» Mehr will sie dazu im Moment noch nicht sagen, dazu arbeite sie noch an einem Dokumentationsfilm.

Seit Kriegsausbruch im Februar steht der Verein unter Dauerbeschuss deutscher Medien. Die Lebensmittel kämen «hauptsächlich Russen und pro-russischen Ukrainern zugute», behauptet z. B. die Berliner Zeitung. «Sympathisanten» der «sogenannten Volksrepubliken

«Sieben Jahre lang hat unsere Arbeit niemanden interessiert, seit dem 24. Februar sind wir Verbrecher. Im Grunde wird uns vorgeworfen, dass wir Lebensmittel und Wasser an die falschen Menschen liefern.»

im Osten der Ukraine» schicken Hilfsmittel in den Donbass – und «verschaffen ihnen so Legitimität», schreibt die «Welt». Und die Historikerin Fransiska Davies twitterte: «Der Verein «Friedensbrücke Kriegsopferhilfe» in Wandlitz kooperiert recht offensichtlich mit dem verbrecherischen russischen Regime. Und das unter dem Deckmantel der Gemeinnützigkeit – mit allen Vorteilen, die in Deutschland mit diesem Status verbunden sind.»

Das Finanzamt Brandenburg leitete inzwischen ein Verfahren «zum Zwecke der Überprüfung der Gemeinnützigkeit des Vereins ein.» Und das, obgleich nach Kilincs Auskunft der Verein bis jetzt vom Finanzamt beste Noten ausgestellt bekommen habe. Und die Staatsanwaltschaft ermittelt gegen die Vereinsvorsitzende wegen § 130: Volksverhetzung und Leugnung von Völkermord.

«Sieben Jahre lang hat unsere Arbeit niemanden interessiert, seit dem 24. Februar sind wir Verbrecher», sagt Liane Kilinc. «Im Grunde wird uns vorgeworfen, dass wir Lebensmittel und Wasser an die falschen Menschen liefern. Die Gründe dafür sind rein politisch. Wir sind ungewollte Zeugen der realen Situation in der Ost-Ukraine. Wir wissen, von wo die Raketen kommen. Wir dokumentieren es. Deswegen sollen wir weg.» Tatsächlich organisiert der Verein auch Ausstellungen und gibt Bücher heraus, in denen Augenzeugen und Überlebende zu Wort kommen, z.B. von dem ungeklärten Feuer am 2. Mai 2014 in Odessa, in dem 42 pro-russische Aktivisten verbrannten.

Im Moment schaden die Angriffe dem Verein nicht, im Gegenteil. «Niemand ist abgesprungen, alle machen weiter. Wir bekommen seit den Pressemeldungen und

Anzeigen doppelt so viele Spenden, und mehr Mitglieder. Nur etwa zehn Prozent der Zuschriften sind Drohungen nach dem Motto: ‹Wir finden euch, wir vernichten euch.›»

Was sagt sie im Einzelnen zu den Vorwürfen? Zum Beispiel zu den engen Verbindungen nach Russland? Oder dass nur pro-russischen Opfern geholfen werde?

«Wir stammen ja alle aus der ehemaligen DDR, und viele von uns haben noch Verwandte, enge Freundschaften und Studienkollegen in Russland. Darauf können wir jetzt bauen. Und es stimmt nicht, dass wir nur ‹der anderen Seite› helfen. Wir haben von Donezk aus auch Dörfern auf der Frontlinie der ukrainischen Seite geholfen, wo man vom Westen aus gar nicht hinkam. Ohne unsere Verbindungen wäre das nicht möglich geworden.»

Doch auch damit machte der Verein sich in der Ukraine strafbar, denn das Land mit Hilfsgütern von der Ostseite aus zu betreten, gilt als illegale Einreise. «Nach den ersten Schwierigkeiten wandten wir uns an den Deutschen Bundestag mit einer Anfrage. Die Antwort war: Wir dürfen die Ost-Ukraine nur über Kiew mit Hilfsgütern beliefern, nicht über Moskau. Das ist aber unmöglich, da kommt man gar nicht durch.»

Kinder und Jugendliche haben zur Verarbeitung ihre Kriegserlebnisse gemalt. *Die Zeichnungen hat die Friedensbrücke versteigert und mit dem Erlös Kinderspielzeug gekauft.*

Kilinc selbst ist rund um die Uhr beschäftigt, da die Verfahren gegen sie persönlich laufen. «Für den Verein ist die Situation vorteilhaft, für mich persönlich aber eine Tragödie. Trotzdem, wir haben vor acht Jahren beschlossen, alles zu geben, um zu helfen. Dabei bleiben wir.» ●

Der Verein bittet weiterhin um Spenden, auch Sachspenden sind willkommen, insbesondere für die Weihnachtsaktion.
Mehr dazu auf der Webseite Friedensbrücke/Kriegsopferhilfe e.V.: fbko.org

Wer sich kritisch zum Krieg in der Ukraine äussert, steht unter Strafandrohung

Im Schnellverfahren hat der deutsche Bundestag das Strafgesetz geändert – offziell eine «Klarstellung»

Am 20.10.2022 verabschiedete der Deutsche Bundestag ein von der Ampelkoalition vorgelegtes Gesetz zur Erweiterung des Paragraphen 130 StGB. Der Paragraph stellte bisher die Verherrlichung des Nationalsozialismus, insbesondere die Leugnung der «Schoah» unter die Strafandrohung von 5 Jahren Haft. Neu eingefügt wurde jetzt ein Absatz, nach dem künftig darüber hinaus generell «öffentliches Billigen, Leugnen und gröbliches Verharmlosen von Völkermord, Verbrechen gegen die Menschlichkeit und Kriegsverbrechen» mit drei Jahren Haft bestraft werden können, «wenn sich die Tat dazu eignet, Hass oder Gewalt anzustacheln und den öffentlichen Frieden zu stören».
514 Abgeordnete des Bundestages stimmten für dieses im Schnellverfahren ohne vorherige Anhörung und ohne längere Aussprache vorgelegte Gesetz; 92 Abgeordnete von der Partei Die Linke und der AfD stimmten dagegen. Zwei Parlamentarier enthielten sich. Einzelne Stimmen aus der CDU, sogar von der Polizeigewerkschaft meldeten Bedenken an.
Im Übrigen ging dieser Vorgang nahezu geräuschlos über die Bühne des Bundestages und der bundesdeutschen Öffentlichkeit. Die Ampelkoalition begründet die Erweiterung mit Hinweis auf Anforderungen der EU-Kommission und verharmlost sie als «Klarstellung», als ginge es um einen längst überfälligen Schutz gegen den Missbrauch der demokratischen Kultur unseres Landes. Unübersehbar ist aber in der Aktualität und Art, wie dieser Beschluss durchgeschoben wurde, dass mit dieser Erweiterung die kritischen Stimmen zum Krieg in der Ukraine kanalisiert werden sollen. Fortan steht jede kritische Stellungnahme zu den Kriegsereignissen in der Ukraine, selbst humanitäre Hilfe, die nicht aus einseitiger Parteinahme gegen Russland erfolgt, unter der Strafandrohung dieses Paragraphen. Das ist in der Tat eine Klarstellung – ob sie dem Frieden dient, ist eine andere Frage. *Kai Ehlers*

Schuld und Sühne

Wie in einer indigenen Gesellschaft in Indonesien mit Missetätern umgegangen wird

Ich habe vor vielen Jahren eine eindrückliche Erfahrung zum Thema Schuld gemacht. Wir bekamen eine persönliche Führung durch ein traditionelles indonesisches Dorf. Die Häuser bestanden aus Holz, Palmblättern und weiteren natürlichen Materialien. Sie standen auf Stelzen in der Nähe des Meeres. In einem Haus schliefen mehrere Familien gemeinsam in einem grossen Raum. Das Dorf bestand aus einigen wenigen Häusern. Soviel zur Einführung.

Unser einheimischer Führer erklärte uns den traditionellen Umgang mit Verbrechen und Vergehen. Natürlich handelte es sich um kleine Dinge. Niemand hat dort Atombomben gebaut oder Milliarden Menschen mit experimentellen Geninjektionen behandelt. Aber es kamen zum Beispiel kleine Diebstähle oder Verleumdungen vor.

Wenn eine Untat begangen wurde, war der Schuldige meist schnell gefunden; das Dorf war übersichtlich. Und jetzt geschah das Erstaunliche: Das ganze Dorf versammelte sich um den Täter. Die Dorfbewohner traten vor, einer nach dem anderen, und hielten eine kurze Rede.

In dieser Rede klagten sie nicht etwa die Verfehlung des Täters an. Nein, im Gegenteil: Sie berichteten, was sie an dem Täter schätzten und warum sie froh waren, mit ihm in einem Dorf zu leben.

Ich traute meinen Ohren nicht, aber der Führer sprach in klarem Englisch. Die Erklärung: Wenn jemand sich nicht mehr an die Regeln hält, ist er aus der Dorfgemeinschaft gefallen. Offenbar fühlt er sich nicht mehr wohl in der Gemeinschaft, sonst wäre er rücksichtsvoller gewesen. Um das wieder zurechtzurücken, muss die Dorfgemeinschaft ihn wieder willkommen heissen. Und ihn daran erinnern, dass er wertvoll ist. *Lars Ebert*

Der Autor ist Mitarbeiter von Transition-News mit einem täglichen Newsletter, in dem der vorliegende Text erstmals veröffentlicht wurde. **transition-news.org**

Die Dorfbewohner berichteten, was sie an dem Täter schätzten und warum sie froh waren, mit ihm in einem Dorf zu leben.

Wie sieht eine friedliche Zukunft aus?

Diese entscheidende Frage ist das Thema einer Gesprächsreihe, die der Soziologe Ueli Mäder im «Cheesmeyer» in Sissach moderiert.

Zeitpunkt: Was hat Sie zu dieser Gesprächsreihe inspiriert?

Ueli Mäder: Der Kulturverein Cheesmeyer bat mich zunächst ein Gespräch zwischen einer ukrainischen Schriftstellerin und einem russischen Schriftsteller zu moderieren. Dann folgte die Anfrage, eine ganze Reihe zu konzipieren. Ich sagte ausnahmsweise zu. Vor allem wegen meiner Verbundenheit mit Sissach, meiner Sympathie für das Cheesmeyer Projekt und dem Anliegen, viel mehr über eine friedliche Zukunft zu diskutieren.

Das neuste Buch von Ueli Mäder: **Haben oder Sein: Leben statt Profit!** Edition Erich Fromm Lectutes, 2022. 110 S. € 5.–. Es beantwortet die Frage: Was mache ich aus dem, was die Gesellschaft aus mir macht?

Wie ist das Programm zustande gekommen?

Ich setze mich gerade – wieder – mit Erich Fromm auseinander. Er regt dazu an, vom Besitz orientierten Haben zu einem umwelt- und sozialgerechten Sein zu kommen. Das fordert uns heraus. Und verlangt grundlegende gesellschaftliche Veränderungen. Dabei fragt sich, wie diese in verschiedenen Bereichen aussehen könnten. Wirtschaftlich und politisch, strukturell und kulturell, global und regional. Hinzu kommt eben, was wir persönlich für eine friedliche Zukunft tun können.

Was würden Sie sich wünschen, was die Zuhörer mitnehmen?

Hoffentlich tragen die Gespräche zum Nachdenken und dazu bei, sich kritisch mit dem materiellen Wachstum, der forcierten Konkurrenz und unserem Konsumismus auseinanderzusetzen. Hoffentlich fördern sie ein Handeln, das sämtliche Lebensbereiche weiter demokratisiert und Freiheiten für alle realisiert, ohne Mensch und Natur zu schädigen. Dazu gehört die Frage, was wirklich wichtig und sinnvoll ist. *Red./Barbara Hagmann*

Das Programm

Haben oder Sein? (27. 10. 22)
Sport verbindet (24. 11. 22)
Ukraine – Hintergründe des Krieges (15. 12. 2022)
Wie Medien ihren Einfluss wahrnehmen (26. 1. 23)
Medien galten einst als vierte Gewalt im Staat. Und heute? Gäste: Esther Girsberger (Ombudsstelle SRG), Ueli Heiniger (eh. Zyschtigsclub), Philipp Loser (Redaktor TA), David Thommen (Volksstimme).
Was tun Philosophie und Astronomie für den Frieden? (23. 2. 23)
Fördern die Philosophie und die Astronomie eine friedliche Zukunft? Gäste: Annemarie Pieper (Philosophin, Roman-Autorin), Roland Buser (Astronom, Autor «Der Mensch im Kosmos»), Jan-Andrea Bard (Musiker).
Humanisierung der Wirtschaft (30.3.23)
Wie reagiert die Wirtschaft auf neue soziale Herausforderungen? Gäste: Rolf Soiron (eh. VR-Lonza, Holcim, Nobel Biocare), Isabel Martinez (Konjunkturforscherin ETH und SGB), Samuel Geiser und Heidi Kronenberg (Autor/in).
Mut zur lebendigen Trauer (20. 4. 23)
Was für eine melancholische Skepsis empfiehlt Erich Kästner in seiner «Lyrischen Hausapotheke»? Gäste: Henning Kurz (Germanist), Martina Rick (Schauspielerin), Beat Riggenbach und Anselm König (Band).
Die Welt verstehen (25. 5. 23)
Wie gehen Peking und Washington mit ihren Rivalitäten um? Gäste: Karl Kränzle (eh. China/USA-Korrespondent), Regula Renschler (eh. Redaktorin DRS2), Joe Schelbert (eh. Echo der Zeit), Maria Magdalena Moser (Publizistin).
Schweiz – EU: wie weiter? (29. 6. 23)
Real ist die Schweiz mit der EU verflochten. Mental geht sie auf Distanz. Warum? Gäste: Roger de Weck (eh. Generaldirektor der SRG), Elisabeth Joris (Historikerin).
Post-Wachstum: ökologisch und sozial gerecht? (31. 8. 23)
Ökonomische, ökologische und soziale Fragen hängen zusammen. Aber wie? Gäste: Irmi Seidl (Ökonomin), Evelyn Markoni (Soziologin), Ariane Rufino dos Santos (Musikantin, Gärtnerin).
Transparente Finanz- und Rechtssysteme (28. 9. 23)
Schmutzige Goldwäsche, (Selbst-)Begünstigung und organisierte Kriminalität. Was hilft? Gäste: Mark Pieth (Strafrechtler), Magdalena Küng (Soziologin).
Was tut die Friedensforschung? (26. 10. 23)
Strukturelle Ursachen von Kriegen und kulturelle Konflikt-Dynamiken. Gäste: Laurent Goetschel (Politologe, Direktor Swiss Peace), Cécile Speitel (Film-Autorin).
Unser Leben gestalten (30. 11 .23)
Brüche, Kontinuitäten – und wir? Gäste: Cornelia Kazis (Autorin «Weiterleben, Weitergehen, Weiterlieben», Franziska Schutzbach (Autorin «Wider die weibliche Verfügbarkeit»).
Was motiviert zur Selbst-Reflexion? (14. 12. 23)
Was hilft, produktiv über uns, gesellschaftliche Verhältnisse und eine friedliche Zukunft nachzudenken? Gäste: Barbara Bleisch (Sternstunde Philosophie SRF), Matthias Herren (Theologe Dargebotene Hand).

Cheesmeyer, Hauptstrasse 55, 4450 Sissach.
Beginn jeweils 19.00 Uhr. Eintritt: Fr. 15.–. Infos: **cheesmeyer.ch**

Eine kleine Stadt stellt sich gegen die Sanktionspolitik Deutschlands

Königs Wusterhausen mit weniger als 40 000 Einwohnern liegt inmitten zahlreicher Seen im Süden von Berlin. Mit der Politik der deutschen Hauptstadt liegt sie aber über Kreuz. Darauf lässt zumindest der offene Brief schliessen, den der Stadtrat im Oktober in einer Sondersitzung beschloss und auf der offiziellen Webseite der Stadt veröffentlichte.

Die Stadt positioniert sich in diesem Brief konsequent gegen die Ukraine-, Russland- und Sanktionspolitik der Bundesregierung. Im Brief heisst es etwa: «Völlig anders als bei allen sonstigen Konflikten, gibt es seitens der Bundesregierung keinerlei wahrnehmbares Bemühen um Diplomatie. Allein Waffen und völlig entfesselte Sanktionsmassnahmen sollen diesmal das alleinige Mittel der Wahl sein. (...) Der Umfang des Gesamtschadens ist unabsehbar. Die Arbeitslosigkeit wird explodieren, gleichzeitig steigt die Zahl der Flüchtlinge, die Sozialsysteme sind jetzt schon völlig überlastet. Daraus folgende soziale und politische Unruhen sind zwangsläufig.» Der Brief endet mit der Forderung, «alles zu unterlassen, was diesen Krieg verlängert und alles dafür zu tun, dass die Waffen schweigen. Sowohl im Waffenkrieg als auch im Wirtschaftskrieg».

Der Brief erhielt in der Abstimmung breite Zustimmung von links bis rechts. Grüne und SPD lehnten ihn geschlossen ab. Sie hatten einen erfolglosen Alternativvorschlag ohne Kritik an der Bundesregierung eingebracht. *Red.*

Buddhistischer Ostdeutscher aus der Schweiz verschenkt Kohle an Brandenburger Rentner

Rentner Detlef Schultze kam in diesem Jahr zu spät beim Kohlenkauf. Ausverkauft und überteuert waren sie, bis zu 1 Euro kosteten sie pro Kilo. Zu viel für den Schwerbehinderten, der mit 400 Euro Rente auskommen muss. Als erster meldete sich daraufhin Manuel Wehlen, ein Neubrandenburger, der in der Schweiz lebt. Er und seine buddhistischen Freunde spendeten für den frierenden Hetzdorfer. Das wiederum machte Schule. Ein Pasewalker und ein Prenzlauer spendeten ebenfalls in den begehrten Naturalien, wie der Nordkurier berichtet. Doch das Problem blieb weiterhin, dass es nirgendwo Kohlen gab. Ein junger Greifswalder Mechaniker hatte 70 Kilogramm übrig — und half ebenso.

Quelle: Nordkurier

Syntropia

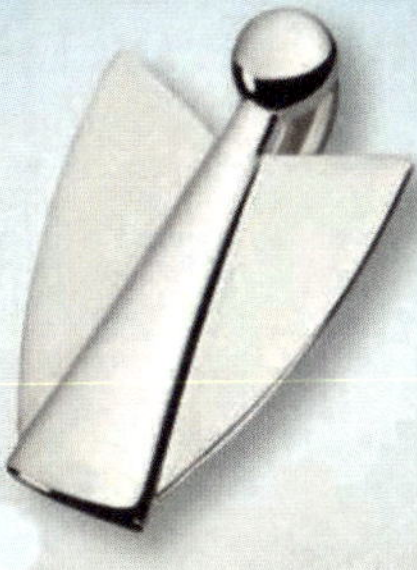

Engel des Friedens

Anhänger

Collection Inner Light, 925er Silber, 23x8 mm

Dieser Engel strahlt Akzeptanz und Größe aus. Unter seine Schwingen findet alles seinen Platz.

35,- €

Das Geschenk des Friedens

Gedanken für eine friedvolle Welt

Enrique Simo

Wer auch immer wir sind, wir benötigen die Kraft des Friedens. Dieses Büchlein enthält eine Sammlung friedvoller Gedanken für den täglichen Gebrauch.

98 Seiten, mit zahlreichen Abbildungen, kartoniert

ISBN: 978-3-939493-21-1

5,- €

Das Experiment von Wörgl

Ein Weg aus der Wirtschaftskrise

Fritz Schwarz

Das Experiment von Wörgl war ein praktischer Versuch, die Freiwirtschaftslehre von Silvio Gesell umzusetzen. Er wurde nach eineinhalb Jahren von staatlicher Seite verboten.

92 Seiten, mit Abbildungen, kartoniert

ISBN: 978-3-981089-45-5

10,01 €

PEACE with Love

Pinú'u – das Hopi-Wissen

Urs Huber Uri

Urs Huber Uris Analyse des Hopi-Wissens offenbart eine Menschheitsgeschichte geprägt von Versklavung, strafenden Göttern und atomaren Vernichtungskriegen weit vor der neuzivilisatorischen Zeitrechnung. „Die Menschlichkeit ist älter als unser Sonnensystem".

150 Seiten, mit zahlreichen farbigen Abbildungen, gebunden

ISBN: 978-3-952337-14-1

9,- €

Du sollst nicht töten!

Plädoyer für eine gewaltfreie Ernährung

Nina Messinger

Die Autorin vermittelt eindrucksvoll die Auswirkungen des Fleischkonsums und die Vorzüge der vegetarischen Ernährung für unseren Körper, unsere Psyche, unser Bewusstsein, die Umwelt, die Tiere sowie den inneren und äußeren Frieden.

272 Seiten, mit farbigen Bildern, als **E-Book** erhältlich

ISBN: 978-3-941363-60-1

9,99 €

Beten hilft immer - egal was Du glaubst

Gertrud Hirschi

In schweren Zeiten der Not, der Trauer, des Schmerzes, des Leidens, der Einsamkeit, Hilflosigkeit oder der nackten Angst hat wohl fast jeder das Bedürfnis, sich an ein höheres ETWAS zu wenden und um Hilfe zu bitten – und Beten hilft immer, so das Credo der Autorin. Sie weiß es aus eigener Erfahrung und aus ihrer langjährigen Arbeit mit ratsuchenden Menschen. Woran man glaubt oder ob man überhaupt glaubt, ist dabei nicht wichtig.

208 Seiten, kartoniert, auch als **E-Book** erhältlich

ISBN: 978-3-939493-21-1

18,90 €

Jedes lieferbare Buch versandkostenfrei in Deutschland!

www.syntropia.de

+49 (0) 61 54 - 60 39 5-0 info@syntropia.de

Baerbock und Habeck: Auftragskiller des deutschen Mittelstandes?

Ihre Politik macht die Mittelstandsfirmen reif für die Übernahme durch das globale Grosskapital

Von Christian Kreiß

Fragestellung

Viele politische und wirtschaftliche Massnahmen der letzten Zeit schaden offenkundig stark unserem Mittelstand, dem Rückgrat unseres Wohlstandes. Führende Wirtschaftsvertreter sagen: «Die Substanz der Industrie ist bedroht» [2] oder: «Wir werden einfach ärmer. Für Deutschland male ich Ihnen ein Bild: Ich würde mich nicht wundern, wenn wir am Ende 20 bis 30 Prozent ärmer sind.»[3] Das konservative Handelsblatt spricht von der Gefahr einer Deindustrialisierung Deutschlands.[4] Massgeblich an diesem Niedergang beteiligt ist die Politik unserer Aussenministerin und unseres Wirtschaftsministers. Welche Auswirkungen hat diese Politik, was könnten ihre Motive sein und wer profitiert davon?

Politische Massnahmen und ihre Auswirkungen

Energiepolitik

Bereits vor Beginn des Ukrainekrieges, am 3.2.2022 sagte Annalena Baerbock: »Von Nord Stream 2 profitiert nur einer: Das System Putin»[5]. Diese Aussage ist falsch. Das preiswerte und äusserst umweltfreundliche russische Pipeline-Erdgas nützt unserem Mittelstand und unseren Bürgern in grossem Ausmass. Es sorgt für eine günstige Energieversorgung unserer Haushalte und wettbewerbsfähige Kosten für die Unternehmen in unserem Lande. Die Aussage zeigt gut die Einäugigkeit und ideologische Brille, durch die die Aussenministerin die Welt betrachtet. Die Interessen der Menschen und der Unternehmen hierzulande spielen für sie offenbar keine nennenswerte Rolle.

Sanktionspolitik und Verunglimpfung Russlands

Seit dem Ukrainekrieg schürt Frau Baerbock in starkem Masse Ressentiments gegen Russland, verunglimpft Land und Leute, feuert dadurch den Krieg weiter an und verhindert alle Ansätze zu Friedensverhandlungen. Aussagen wie «Das wird Russland ruinieren»[6] am 25.2.2022 anlässlich des ersten Sanktionspaketes oder ihre Ausführungen, sie wolle Russland derart schädigen, dass «es volkswirtschaftlich jahrelang nicht mehr auf die Beine kommt»[7] schüren Abneigung und Feindschaft gegen das russische Volk und verhindern im Vorfeld alle Bemühungen um Frieden.

Die ständigen Forderungen der Grünen-Politiker nach immer mehr Waffenlieferungen widersprechen jahrzehntelangen Grundsätzen grüner Politik.

Am Rande sei bemerkt: Für mich ist es ein Skandal ersten Ranges, dass Gesundheitsminister Lauterbach per Twitter Russland den Krieg erklären kann und nicht sofort aus seinem Amt entfernt wird wegen diplomatischen Fehlverhaltens gewaltigen Ausmasses.

Die deutsche Sanktionspolitik gegen Russland schadet dem deutschen Mittelstand in grösstmöglichem Ausmass. Die Gaspreise der deutschen Industrie waren diesen Sommer etwa acht Mal so hoch wie die der US-Konkurrenz.[8]

Das überlebt unser Mittelstand nicht lange. Dazu kommen sanktionsbedingte Lieferausfälle und Materialengpässe, die die Produktion ebenfalls beeinträchtigen.

Auch unter Umweltgesichtspunkten ist die Energiepolitik der beiden grünen Spitzen-Politiker fatal falsch. Statt Gas direkt über die Pipelines aus Russland zu beziehen, wird es nun verflüssigt, um die Welt geschickt und landet zu weit überhöhten Preise wieder auf dem europäischen Markt. Ausserdem kommen jetzt grössere Mengen als früher von äusserst umweltbedenklichem US-Frackinggas zu sehr viel höheren Preisen als russisches Pipeline-Gas in Europa an.

Ähnliches geschieht mit russischem Öl, das nun wegen der Sanktionen über kostspielige und umweltschädliche Dreiecksgeschäfte schliesslich wieder auf dem europäischen Markt landet. Das ist absurde, massiv umwelt- und wirtschaftsschädigende grüne Politik.

Wirtschaftspolitik

Wirtschaftsminister Habeck glänzt durch Inkompetenz, wirtschaftspolitischen Zickzackkurs und Fehleinschätzungen. Ein paar wenige Beispiele. Der Wirtschaftsminister glaubte, die Bafin sei für das Prüfen von Handwerkerrechnungen zuständig.[9]

Angesichts dramatisch steigender Gaspreise wollte er eine Gaspreisumlage einführen, die die Gaspreise für die Endabnehmer noch weiter erhöht hätte. Dann die Kehrtwende eines Gaspreisdeckels, also genau das Gegenteil.

Die Idee von Herrn Habeck, die verbliebenen drei Atomkraftwerke am 1.1.2023 abzuschalten, wenn es allmählich richtig kalt wird, ist an ökonomischer Kurzsichtigkeit schwer zu überbieten. Statt eines detaillierten Energiefahrplanes durch die Wintermonate nach Schweizer Vorbild zu erarbeiten, scheint der Wirtschaftsminister lieber auf einen milden Winter und Glück zu hoffen.

Aussagen wie, wir hätten kein Stromproblem, sondern ein Gasproblem oder Läden seien nicht insolvent, sie würden einfach nur nicht mehr verkaufen, sprechen Bände. Für Unternehmen ist Kompetenz, Planungssicherheit und Zuverlässigkeit wichtig. Diese Grundpfeiler der Ökonomie werden durch solch einen Wirtschaftsminister ruiniert.

Dem Ausspruch von Sarah Wagenknecht: «Die Grünen sind die gefährlichste Partei im Bundestag»[10] kann ich daher voll und ganz zustimmen. Die Politik der beiden grünen Spitzenpolitiker hilft darüber hinaus in keiner Weise der Ukraine und schädigt die russische Wirtschaft meines Erachtens weit weniger als die deutsche.

Es kommen nun grössere Mengen von US-Frackinggas zu sehr viel höheren Preisen in Europa an. Das ist absurde, massiv umwelt- und wirtschaftsschädigende grüne Politik.

Wer profitiert?[11]

So stellt sich die Frage: Weshalb machen unsere Grünen-Spitzenpolitiker eine solch wirtschaftsfeindliche Politik zu Lasten der Bürgerinnen und Bürger?

Des einen Leid, des andern Freud. Nicht alle sind unglücklich über diese mittelstandsschädigende Grünen-Politik. Die USA wollen Deutschland seit Jahren von der günstigen russischen Erdgasversorgung abschneiden.

Nord Stream 2 ist den USA seit Jahren ein Dorn im Auge. So sagte US-Präsident Biden bereits vor dem Ukraine-Krieg am 8.2.2022: «Sollte Russland in die Ukraine einmarschieren, habe die Pipeline NordStream 2 keine Zukunft». […]

Auf die Frage, wie er das bei einem Projekt unter deutscher Kontrolle bewerkstelligen wolle, sagte Biden: »Ich verspreche Ihnen, dass wir es schaffen werden.»[12] Das ist mittlerweile gelungen. Der US-Top-Ökonom Jeffrey Sachs vermutet, dass die USA die Sprengungen vorgenommen haben.[13]

Dieses endgültige Abschneiden Mitteleuropas von den Nord Stream Pipelines bezeichnete US-Aussenminister Anthony Blinken sechs Tage nach den Sprengungen am 2.10.2022 als «tremendous opportunity», als eine grossartige Gelegenheit.[14]

Abgesehen von steigenden Fracking-Gas-Exporten bedeutet das Schwächen des deutschen Mittelstandes auch sehr gute und vor allem billige Einstiegschancen für Unternehmenskäufer aus den USA.

Bereits 2018 besassen die grossen US-Amerikanischen Investmentgesellschaften wie Blackrock oder Vanguard 34,6 Prozent der Anteile aller DAX-Unternehmen. Weitere 20 Prozent gehörten britischen und irischen Vermögensverwaltern.[15]

Das Problem: Bei Mittelständlern funktioniert dieses Geschäftsmodell nicht, weil sie nicht börsennotiert, sondern in Familienhand sind und die Familien bei normalem Geschäftsverlauf nicht verkaufen wollen. Durch die Billiggeldpolitik der USA in den letzten 15 Jahren ist

Die grünen Politiker zeichneten sich bereits mit Forderungen nach möglichst langen und harten Lockdowns aus, die kleine und mittelständische Unternehmen enorm schwächte.

sehr viel Anlage suchendes Geld entstanden, das jetzt dringend nach lukrativer Verwertung strebt.[16]

Falls es tatsächlich zu einer Schwächung und einem Ausbluten des deutschen Mittelstandes kommen sollte, bietet das eine «tremendous opportunity», eine grossartige Gelegenheit, viele davon preiswert aufzukaufen. Durch die Nord Stream-Sprengungen wurde diese günstige Gelegenheit zementiert.

Auf wessen Seite stehen unsere (Grünen-) Spitzenpolitiker?

Und so stellt sich die Frage: auf welcher Seite stehen unsere Spitzenpolitiker? Wessen Interessen vertreten sie? Die Interessen unseres Mittelstandes, unserer Bürgerinnen und Bürger oder andere Interessen?

Bereits in den Zeiten der Lockdown-Politik zeichneten sich die grünen Politiker mit Forderungen nach möglichst langen und harten Lockdowns aus. Die Lockdown-Politik schwächte kleine und mittelständische Unternehmen enorm.

Jeder Tag Lockdown bescherte den Grosskonzernen und den hinter ihnen stehenden Milliardären Extra-Milliardengewinne.[17] Auch während der Lockdown-Zeit, während die Grünen noch in der Opposition waren, betrieben sie nach Kräften eine mittelstandsfeindliche, mittelstandsschädigende Politik.

Jetzt unterstützt die grüne Politik über eine tief wirtschaftsfeindliche Energie- und Sanktionspolitik erneut die Interessen der internationalen Grosskonzerne zu Lasten der kleinen und mittleren heimischen Unternehmen.

Meiner Meinung nach hängt dies möglicherweise damit zusammen, dass Frau Baerbock Mitglied der «Young Global Leaders» des Weltwirtschaftsforums in Davos ist.[18] Das Forum vertritt bekanntermassen die Interessen der internationalen Grosskonzerne und der dahinterstehenden Milliardäre. Ende August stellte unsere Aussenministerin in ihrer mittlerweile berühmt-berüchtigten Aussage klar, auf wessen Seite sie steht: «Egal, was meine deutschen Wähler denken», die die deutsche Wirtschaft und Menschen schädigenden Sanktionen werden bleiben, auch wenn es im Winter Unruhen geben sollte.

Frau Baerbock rechnete Ende August selbst damit, die Menschen würden in Deutschland «auf die Strasse gehen und sagen, dass sie ihre Energiepreise nicht bezahlen können.»[18] Trotzdem wolle sie Sanktionen um jeden Preis aufrechterhalten, auch gegen die Interessen der deutschen Wähler.

In diesem Zusammenhang sind vielleicht Aussagen von Oskar Lafontaine von August 2022 erhellend: «Deutschland ist kein souveränes Land. […] Deutschland handelt im Ukraine-Krieg als Vasall der USA. […] Die führenden Politiker der Ampel, Scholz, Baerbock, Habeck und Lindner sind treue US-Vasallen». Die Grünen hätten sich «zur schlimmsten Kriegspartei im Deutschen Bundestag gewandelt». Die Aussagen von «Annalena Baerbock, wir sollten «Russland ruinieren» muss man schon faschistoid nennen. […] Die deutsche Aussenpolitik schadet den Interessen unseres Landes und ist kein Beitrag zum Frieden in Europa.»[20]

Der ehemalige SPD-Politiker und Erste Bürgermeister von Hamburg, Klaus von Dohnanyi schreibt in seinem im Januar 2022 erschienenen Buch Ähnliches:

«Deutschland und Europa sind heute in Fragen der Sicherheit und der Aussenpolitik nicht souverän. Es sind die USA, die hier in Europa die Richtung vorgeben. Verfolgen sie dabei auch unsere Interessen? Führen sie Europa aussen- und sicherheitspolitisch in eine friedliche Zukunft? Ich habe Zweifel daran».[21] Das sind geradezu prophetische Worte.

Was tun?

Die beiden grünen Spitzenpolitiker schädigen aktiv unseren Mittelstand, die Basis unseres Wohlstandes. Insbesondere unsere Aussenministerin betreibt nach eigener Aussage keine Politik für ihre deutschen Wähler, sondern fördert meiner Meinung nach als Young Global Leader die Interessen internationaler Grosskonzerne, deren Eigentümer und Chefs sich mit ihr regelmässig in Davos treffen.

Die Lösung dieser unguten Situation wäre denkbar einfach, nämlich das, was Oskar Lafontaine vorschlägt: «Drängen auf einen Waffenstillstand, die Vorlage eines Friedensplanes und die Inbetriebnahme von Nord Stream 2.»[22]

Die beste Lösung wäre die Auflösung der Ampel, die diese Politik mitträgt, und Neuwahlen.

Diese Empfehlungen Lafontaines stammen noch aus der Zeit vor den Sprengungen der Erdgas-Röhren. Aber zumindest eine Röhre von Nord Stream ist ja offenbar noch intakt und könnte in Betrieb genommen werden. Das würde unsere Energieversorgung erheblich verbessern, gerade in den kritischen Wintermonaten und dadurch unseren Mittelstand und unsere Haushalte entlasten.

Ich würde Oskar Lafontaines Vorschläge ergänzen: Abbau der Sanktionen und personelle Konsequenzen ziehen. Mit etwas gesundem Menschenverstand betrachtet, kann man sich eigentlich nur noch dem Twitter-Hashtag #BaerbockRuecktritt anschliessen. Aber nicht nur Frau Baerbock: Die beste Lösung wäre die Auflösung der Ampel, die diese Politik mitträgt – und Neuwahlen.

Prof. Dr. Christian Kreiß (*1962): Studium und Promotion in Volkswirtschaftslehre und Wirtschaftsgeschichte an der LMU München. Neun Jahre Berufstätigkeit als Bankier, davon sieben Jahre als Investment Banker. Seit 2002 Professor für BWL mit Schwerpunkt Investition, Finanzierung und Volkswirtschaftslehre. Autor von sieben Büchern: Gekaufte Wissenschaft (2020); Das Mephisto-Prinzip in unserer Wirtschaft (2019); BWL Blenden Wuchern Lamentieren (2019, zusammen mit Heinz Siebenbrock); Werbung nein danke (2016); Gekaufte Forschung (2015); Geplanter Verschleiß (2014); Profitwahn (2013). Drei Einladungen in den Deutschen Bundestag als unabhängiger Experte (Grüne, Linke, SPD). Zahlreiche Fernseh-, Rundfunk- und Zeitschriften-Interviews, öffentliche Vorträge und Veröffentlichungen. Mitglied bei ver.di und Christen für gerechte Wirtschaftsordnung. Homepage: **www.menschengerechtewirtschaft.de**

Fussnoten

[1] Hintergrundinformationen zu meinen Ausführungen bei Bild TV Viertel nach acht vom 10.11.2022: https://www.youtube.com/watch?v=Z9NMFO_9kw8

[2] BDI-Präsident Siegfried Russwurm Anfang September 2022: https://www.berliner-zeitung.de/wirtschaft-verantwortung/erste-firmen-stoppen-produktion-fuer-immer-substanz-der-industrie-bedroht-li.262725

[3] DIHK Hauptgeschäftsführer Martin Wansleben: https://www.nachdenkseiten.de/?p=86125

[4] https://www.handelsblatt.com/unternehmen/gas-und-strom-deutschland-steckt-in-einer-energiepreisfalle-in-schluesselindustrien-werden-betriebe-reihenweise-schliessen/28622880.html

[5] ZDF 3.2.22: https://www.zdf.de/nachrichten/wirtschaft/baerbock-nord-stream-2-russland-100.html

[6] rnd 25.2.22: https://www.rnd.de/politik/ukraine-krieg-baerbock-ueber-sanktionen-das-wird-russland-ruinieren-RZDYS2DEPRK5OST7ZGGRZ6UN4I.html

[7] Anne Will, focus 2.5.22: https://www.focus.de/kultur/kino_tv/tv-kolumne-anne-will-baer-

bock-will-dass-russland-nicht-mehr-auf-die-beine-kommt_id_92735159.html
[8] Handelsblatt 29.8.2022: https://www.handelsblatt.com/unternehmen/gas-und-strom-deutschland-steckt-in-einer-energiepreisfalle-in-schluesselindustrien-werden-betriebe-reihenweise-schliessen/28622880.html
[9] https://www.heise.de/tp/features/Nach-Aussagen-zu-Insolvenzen-Hat-Deutschland-einen-Minister-Ahnungslos-7259862.html
[10] https://www.youtube.com/watch?v=YRnovaXQ4dI
[11] Die folgenden Ausführungen geben streckenweise meine Aussagen eines Aufsatzes wieder, der Mitte Oktober 2022 u.a. erschien bei https://www.nachdenkseiten.de/wp-print.php?p=89164
[12] https://www.zdf.de/nachrichten/politik/scholz-biden-ukraine-konflikt-100.html
[13] https://www.nachdenkseiten.de/?p=88831#h08
[14] https://www.youtube.com/watch?v=_AL5Y3wNgBs
[15] https://www.focus.de/finanzen/boerse/investment-wem-gehoert-die-deutschland-ag_id_10787791.html
[16] https://www.nachdenkseiten.de/wp-print.php?p=89164
[17] Kreiss, Christian zu Lockdowns: https://www.heise.de/tp/features/Lockdowns-Wer-gewinnt-wer-verliert-6335550.html?seite=all
[18] https://www.abgeordnetenwatch.de/profile/annalena-baerbock/fragen-antworten/sehr-geehrte-frau-baerbock-wie-wird-ihre-mitgliedschaft-im-young-global-leaders-des-weltwirtschaftsforums
[19] Welt.de 1.9.2022: https://www.welt.de/politik/ausland/article240801361/Baerbock-Regierung-steht-an-der-Seite-der-Ukraine-egal-was-meine-deutschen-Waehler-denken.html
[20] Berliner Zeitung 30.8.22: https://www.berliner-zeitung.de/politik-gesellschaft/oskar-lafontaine-deutschland-handelt-im-ukraine-krieg-als-vasall-der-usa-li.261471
[21] Klaus von Dohnanyi, Nationale Interessen: Orientierung für deutsche und europäische Politik in Zeiten globaler Umbrüche, München, Siedler, Januar 2022, Vorwort S.10
[22] https://www.berliner-zeitung.de/politik-gesellschaft/oskar-lafontaine-deutschland-handelt-im-ukraine-krieg-als-vasall-der-usa-li.261471

Das nächste Gesicht an der Spitze der Nato

ist vermutlich weiblich, hat ukrainische Züge und stammt aus der Schule von Klaus Schwab. Chrystia Freeland, Kanadas Vizepremierministerin ist Favoritin um die Nachfolge Stoltenbergs als Nato-Generalsekretär.

Jens Stoltenbergs Mandat als Generalsekretär der Nato läuft im Herbst 2023 aus. Anfangs Oktober wurde die Kandidatur von Chrystia Freeland lanciert. Sie wird von den USA unterstützt.

Traditionell wird die Nato von zwei Spitzen geführt. Das wichtigere militärische Kommando besetzen US-Militärs, der Posten des weniger relevanten Generalsekretärs fiel bis jetzt immer einem Europäer zu.

Chrystia Freeland wäre die erste Frau und die erste Person aus Nordamerika an der Spitze der Nato-Administration. Die EU mit den meisten Nato-Mitgliedern hat sich noch nicht auf eine Kandidatur geeinigt.

Im Gespräch sind aber die estnische Premierministerin Kaja Kallas, «die Frau, die Putin die Stirn bietet», die slowakische Präsidentin Zuzana Caputova, «treue Freundin des Westens in Osteuropa» und die ehemalige kroatische Präsidentin Kolinda Grabar-Kitarovic, die auch kroatische Botschafterin in den USA und stellvertretende Generalsekretärin für öffentliche Diplomatie bei der NATO war. Sie sagte kürzlich an einem Sym-

In der kanadischen Politik spielt «young global leader» Chrystia Freeland neben dem angeschlagenen Justin Trudeau als «minister for everything» eine entscheidende Rolle.

posium in St. Gallen: «Die Nato ist nicht im Krieg mit Russland und tut alles, um zu deeskalieren.» Offenbar wird auch der britische Verteidigungsminister Ben Wallace als Kandidat gehandelt.

Chrystia Freeland (*1968) ist eine bestens vernetzte Repräsentantin der globalen Teppichetage. Sie ist «young global leader» des World Economic Forum und Mitglied dessen Stiftungsrates. Sie begann ihre journalistische Karriere als Ukraine-Korrespondentin für die Financial Times, die Washington Post und den Economist. 2010 wurde sie Managing Director der internationalen Nachrichtenagentur Thomson-Reuters.

2013 wurde sie für die Liberale Partei ins kanadische Unterhaus gewählt, 2019 stellvertretende Premierministerin und 202 zusätzlich Finanzministerin. In der kanadischen Politik spielt sie neben dem angeschlagenen Justin Trudeau als «minister for everything» eine entscheidende Rolle.

Eine markanter dunkler Flecken in Chrystia Freelands Biographie ist ihr Grossvater mütterlicherseits, Michael Chomiak. Er flüchtete 1939 vor den Sowjets aus der Westukraine in das von den Nazis besetzte polnische Krakau, wo er die Nazi-freundliche Zeitung «Krakivski Visti». In dieser Funktion war er so etwas wie der Chef-Propagandist der Nazis für die ukrainische Diaspora. Die Redaktion wurde 1944 aufgrund des sowjetischen Vormarschs nach Wien verlegt.

> *Chrystia Freelands Grossvater Michael Chomiak wurde von den Nazis bezahlt, er machte ihre Arbeit und er nahm an den Parties der Nazi-Führung in Polen teil.*

Die Zeitung verherrlichte u.a. die 14. Waffen-SS-Division, ein Nazi-Bataillon aus ukrainischen Freiwilligen, von denen 1200 bis 2000 nach dem Krieg nach Kanada auswanderten, wie Anders Per Rudling, Professor für osteuropäische Geschichte an der Universität Lund in Schweden in einem Paper schreibt. Michael Chomiak selber emigrierte 1948 nach Kanada. Nationalistische Ukrainer sind in Kanada recht präsent. In Oakville steht sogar ein Denkmal zu Ehren der 14. Waffen-SS-Division. Mit 1,25 Millionen stellt die ukrainische Diaspora in Kanada eine substanzielle politische Kraft dar.

Michael Chomiak war ein waschechter Nazi. Die Nazi-Verbindungen des ukrainischen Nationalismus und der Regierungen seit dem Euro-Maidan 2014 werden von den westlichen Medien seit dem russischen Einmarsch heruntergespielt. Das ist bei Chomiak nicht möglich. Er wurde von den Nazis bezahlt, er machte ihre Arbeit und er nahm an den Partys der Nazi-Führung in Polen teil.

Ganz anders sieht Chrystia Freelands familiäre Geschichte in ihren eigenen Worten aus, die sie in einem Essay für die Brookings-Institution beschrieb.

> «Meine Grosseltern mütterlicherseits flohen aus der Westukraine, nachdem Hitler und Stalin 1939 ihren Nichtangriffspakt unterzeichnet hatten. Sie wagten es nicht, zurückzukehren, aber sie hielten engen Kontakt zu ihren Geschwistern und deren Familien, die zurückblieben. Für den Rest ihres Lebens sahen sich meine Grosseltern als politische Exilanten in der Verantwortung, die Idee einer unabhängigen Ukraine am Leben zu erhalten, die zuletzt während und nach den Wirren der Russischen Revolution von 1917 kurzzeitig existiert hatte. Dieser Traum hielt sich bis in die nächste Generation und in einigen Fällen bis in die übernächste Generation.»

Was bedeutet Chrystia Freelands Kandidatur für die Nato?

- Falls sie ernennt wird, dürfte sich die Nato weiter von einem Vertei-

digungsbündnis zu einer antirussischen Kriegsorganisation entwickeln, in der weniger die Interessen der Mitgliedstaaten vertreten werden, sondern die Interessen des global vernetzten militärisch-industriellen-medialen Komplexes.
- Falls sie nicht ernannt wird, dürfte allein ihre Kandidatur dafür sorgen, dass Hardliner im Feld der Mitbewerber bessere Karten haben.

Auffallend ist das markante Übergewicht weiblicher Kandidaturen. Das mag Zufall sein, könnte aber auch der Absicht entspringen, der Nato ein weibliches Gesicht zu geben. Nach Darstellung des Westens stehen sich in diesem Krieg ein brutaler Aggressor, der die Ukraine «unprovoziert» überfallen hat und eine Koalition gegenüber, die sich für Demokratie, Freiheit und Menschlichkeit einsetzt. Der Glaubhaftigkeit eines solchen Bildes ist ein weibliches Gesicht durchaus dienlich, egal, was für Kräfte die Entscheidungen fällen.

Olaf Scholz: «Der Frieden in der Welt ist bedroht durch eine neue globale Strategie der USA»

Der Bundeskanzler weiss genau, was der wirkliche Grund für den Krieg in der Ukraine ist. In seiner Rede vor den Vereinten Nationen am 21. September 2022 warf Olaf Scholz Russland «blanken Imperialismus» vor: «Die Rückkehr des Imperialismus ist nicht nur ein Desaster für Europa. Darin liegt ein Desaster auch für unsere globale Friedensordnung, die die Antithese ist zu Imperialismus und Neokolonialismus.»

Die Gefahr des Imperialismus hat Scholz schon vor 25 Jahren erkannt. 1987 hatte Scholz in einem Artikel scharf den US-amerikanischen Imperialismus kritisiert: «Der Frieden in der Welt ist bedroht durch eine neue globale Strategie der USA. Als Reaktion auf den gesunkenen Einfluss des amerikanischen Imperialismus, auf die Erfolge der Emanzipationsbewegungen in den unterentwickelten Ländern, auf die gewachsene auch militärische Stärke der UdSSR und der Warschauer Vertragsorganisation (WVO) und nicht zuletzt wegen der verschärften Konkurrenz zu Westeuropa und Japan auf dem Weltmarkt haben die USA mit dem Versuch begonnen, militärische Überlegenheit gegenüber der UdSSR errüsten zu wollen mit dem Ziel, einen Atomkrieg regional begrenzt und siegreich führen zu können.»

Andreas Wehr

Quelle (auszugsweise aus): **Andreas Wehr: Der Krieg um die Ukraine** – Streit zwischen zwei Räubern. 25.10.2022. andreas-wehr.eu

Der Rabe von Zürich

Die 20 Sozialgesetze von Felix Somary, einem Banker, der in die Zukunft blicken konnte *Von Milosz Matuschek*

Felix Somary (*1881 in Wien,†1955 in Zürich) war ein seltenes Phänomen. Ein Ökonom der österreichischen Schule, der seine Doktorarbeit bei Carl Menger geschrieben hat, einem Vordenker der Geldtheorie. Ein breit gebildeter Denker einer Epoche, die Stefan Zweig «Die Welt von gestern» nannte. Somary war ein Vordenker seiner Zeit, der die Zukunft in den Knochen spüren konnte, der die Mächtigen beriet, der oft und gerne gehört, dessen Rat aber nur selten befolgt wurde. Ein wacher Geist, der daran verzweifelte, den Gang der Dinge zu erkennen, aber machtlos dabei zuschauen zu müssen.

Ein Augur ohne Sehnsucht nach Publicity

Somary hatte keine Zauberkräfte. Er hatte vielmehr ein Gespür für die inneren Vorgänge der Gesellschaft, die er lediglich mit früheren Mustern der Geschichte abgleichen musste, um sehen zu können, in welche Richtung eine Entwicklung wies. Mit dem zusätzlichen Wissen aus Ökonomie und Bankenwesen hatte er, wie ein Arzt, Einblick in die Eingeweide der Gesellschaft. Wer schuldete wem wie viel und wer vertraute wem oder auch nicht? Er las aus Geldflüssen, Zinsfüssen und Verschuldungsquoten schon vorab heraus, was später in der Zeitung stand, nachdem es sich ereignet hatte. Und sicher war auch der Kontakt zu führenden Köpfen (er kannte u.a. Max Weber und Joseph Schumpeter) und Entscheidungsträgern (er traf u.a. auf den österreichischen Staatspräsidenten Karl Renner, den Reichsbankpräsidenten Hjalmar Schacht, General Ludendorff oder John Maynard Keynes) einer gewissen Weitsicht nicht abträglich.

1919 kam Somary, der inzwischen Banker geworden war und auch ein Buch über Bankenpolitik geschrieben hatte, unter abenteuerlichen Umständen – Deutschland war mitten im Revolutionsgewirr – nach Zürich. Er deponierte seine Habe erst einmal «im bescheidenen Stauraum» der Schweizerischen Nationalbank an der Börsenstrasse – und atmete tief durch. Bis 1926 leitete er die kleine Privatbank Blankart & Cie. am Paradeplatz. Mit dem Umzug in die Schweiz folgte er seinem eigenen Rat, denn er sah die Schweiz als einziges Land der Welt an, wo Vermögen noch vor Wertverlust geschützt war. Dies erreichte er auch für die Kunden, die auf ihn hören wollten.

Auch hier lag er richtig. Schon bald grassierte die Inflation in Deutschland und Österreich. Somary scheute sich im Vorfeld nicht, die Alarmglocke zu läuten – auch auf das Risiko hin, verlacht zu werden. Er sah in Österreich einen Staatsbankrott nahen, der nur entweder durch einen Schuldenschnitt oder durch eine massive Abwertung der Währung ausgeglichen werden würde. Somary half hier wieder der Blick in die Geschichte. Jedes staatliche Geld ist irgendwann untergegangen. Während Rom noch 400 Jahre gebraucht hatte, um die eigene Währung zu ruinieren, genügten Deutschland und Österreich dafür neun Jahre, Russland schaffte es sogar in fünf. Doch Somary blickte schon weiter. Wer, wenn nicht autoritäre Kräfte, sollten nach der Inflation an die Macht kommen? Sowohl die Bolschewiken in Russland als auch Hitler bestätigten ihn letztlich in seiner Befürchtung, dass Inflation der ideale Nährboden für Gewalt- und Willkürherrschaft war.

Geschichte, die ungehörte Lehrmeisterin

Machtkonzentration, Revolutionsgewirr, Inflation, totalitäre Strömungen. Wie sich die toxischen Gerichte in der Hexenküche der Geschichte doch gleichen. Wenn alles ins Rutschen gerät, wenn alle

Wenn alles ins Rutschen gerät, ist das Chaos angerichtet, das die Sozialingenieure der Welt seit jeher brauchten, um eine neue Suppe anzumischen.

Massstäbe sich auflösen, sich Gewissheiten verflüssigen, Institutionen auflösen, und zum Schluss auch noch das Individuum der Mut verlässt, ist das Chaos angerichtet, das die Sozialingenieure der Welt seit jeher brauchten, um eine neue Suppe anzumischen. Das alte Material wird in neue Aggregatszustände übertragen, und dient als Material für ein neues System. Wer Somary heute liest, kann fast nicht anders, als die Gegenwart in der Vergangenheit zu lesen, mit allen Abstrichen und vernünftigen Einschränkungen, die man stets machen muss, denn Geschichte wiederholt sich nie, sie reimt sich höchstens.

Felix Somary dachte in zyklischen Geschichtsmustern, in Kategorien wie «Revolution und Restauration» sowie in Wirtschaftszyklen von «Hausse» oder «Baisse». In Zeiten der Restauration nimmt der Konformismus zu. Leben wir also gerade in Zeiten einer Restauration? Der Wiederherstellung einer neuen, alten Ordnung? Mit Somary kann man die Nachkriegszeit als Zeit der liberalen Revolutionen deuten. Was seit Terror-, Klima-, Corona- oder Kriegspanik passiert, ist die Rückkehr zu Feudalstrukturen. Eine solche Restauration passiert jedoch gerne auf höherer Ebene, wie Somary am Beispiel des Wiener Kongresses zeigt, dem politisch-gesellschaftlichen Spektakel der restaurativen Neuordnung nach dem Sieg über Napoleon. Heute ist die nächsthöhere Ebene ein Geflecht aus UNO-WHO-Strukturen, grossen Stiftungen, den Interessen der im WEF gebündelten Wirtschaftsmacht, des mit allen Strukturen verflochtenen Medienbetriebs, dem Geheimdienst- und Sicherheitsapparat, der NATO. Formel 1-Fahrer, Tennisspieler und Schauspieler sind mit von der Partie, Angelina Jolie wirbt inzwischen für Insekten als Nahrungsmittel. Es entsteht ein restaurativer, machtkonzentrischer Korporatismus globalen Ausmasses als nächster Dreh- und Angelpunkt der Welt. Hätte Somary dieser Analyse zugestimmt?

Vielleicht ja, vielleicht nein. Sein Denken war stets das in grösseren Zusammenhängen. Ausgehend vom Befund der zunehmenden Machtkonzentration, den Somary schon für seine Zeit stellte, formuliert er in den 1950er Jahren seine «20 Sozialgesetze» oder «Gesetze der verkehrten Proportion». Aus Machtkonzentration entsteht demnach ein Sog, der sich auf alle anderen Lebensbereiche auswirkt und seltsame Folgen hat.

Die 20 Sozialgesetze der verkehrten Proportion

Das erste «Gesetz» lautet zum Beispiel: «Je stärker Gewalt zentriert wird, desto geringer ist die Verantwortung.» Und er erlaubt sich den Zusatz: «Je höher der Platz auf der hierarchischen Stufenleiter, desto unzulänglicher wird er ausgefüllt» – ein wohl eherner Grundsatz jeder Organisationsform, der später als sogenanntes «Peter-Prinzip» bekannt wurde, die zwangsläufige Beförderung bis in eine Position der Überforderung. Wir leben heute geradezu in einem Zeitalter der Verantwortungsverpuffung. Sowohl persönlich als auch fachlich gänzlich überforderte Politiker schaffen es bis in die Spitzen der Ministerämter. Vielleicht gehört auch dies zum Wesen einer Restauration: Sie muss sich auf ein Personal stützen, das seiner Aufgabe nicht ganz gerecht werden kann, das notwendigerweise blind für das ganze Bild ist und damit als willfähriges Werkzeug im Gesamtpanorama der neuen Machtelite in Frage kommt. Braucht nicht jede Machtkonzentration ihre Erfüllungsgehilfen und nützlichen Idioten der Scheinermächtigten?

Im fünften Gesetz zeigt Somary den Machtverlust des Bürgers jenseits lokaler Strukturen auf: «Je grösser und vielseitiger der Staat, desto einflussloser das Volk». Dieser Befund dürfte heute umso mehr noch für die EU oder UNO gelten, wohin sich die Machtzentren zunehmend verschieben. Auf EU-Ebene kann eine Gruppe von EU-Parlamentariern versuchen, die Impfstoff-Politik der EU-Kommission als «grössten Korruptionsskandal der Welt» zur Sprache bringen, ohne dass die europäische Öffentlichkeit davon gross Notiz nimmt. Immerhin ermittelt jetzt die «Europäische Staatsanwaltschaft». Von der Existenz einer solchen Behörde dürften die meisten Bürger nicht mal etwas wissen.

Sehr erhellend ist auch das sechste Gesetz: «Je stärker der Druck der Regierung, desto geringer der Widerstand der Massen.» Der stärkste Druck, der die Lebensgewohnheiten radikal ändert, wird demnach eher als Schicksal empfunden, der Kampf dagegen als aussichtslos angesehen. Politiker leiten daraus die Regel ab: «Wenn du drücken musst, drücke zu Beginn und drücke hart». Seit den Corona-Massnahmen und der schweigsamen Folgsamkeit der Mehrheit scheint sich dieses Gesetz zu bewahrheiten. Bürger revoltieren eher gegen schwache Regierungen als gegen autoritäre. «Je mehr Tyrannen, desto weniger Opposition», lautet passend dazu das dreizehnte Gesetz: «Ein Tyrann erregt Widerstand, mehrere erregen Nachahmung.»

Das vierzehnte Gesetz fasst perfekt zusammen, wie inzwischen Politik gemacht wird:

«Je weniger eine Sache begründet ist, desto leidenschaftlicher wird sie verteidigt.»

Werbung, Moral und Emotion ersetzen Argumentation, Probleme werden weder gelöst noch diskutiert, sie werden personalisiert, emotionalisiert und moralisiert. Oder wie Somary schreibt:

«Es gibt keine Fanatiker der Mathematik oder Astronomie, wohl aber der Politik und Theologie. Man stirbt nicht, sagt Renan, für Wahrheiten sondern für Meinungen.»

Wer gerade staunend auf die Baupläne für ein neues Kanzleramt in Berlin für 777 Millionen Euro schaut, den wird schliesslich das 19. Sozialgesetz interessieren: «Je schwächer die Staatsfinanzen, desto höher die Ausgaben.» Dazu Somary:

«Nie baut man so luxuriöse Amtsgebäude wie in der Zeit vor dem Bankrott; zu keiner anderen Zeit wächst der Parasitismus so wild in die Höhe. In solchen Tagen beginnen die seltsamsten Geldquacksalbereien zu wuchern. Das einzige Heilmittel ist das restlose Auslaufen des Geldes, das dann zur Besinnung zwingt.»

Das zwanzigste Gesetz ist schliesslich das eherne Prinzip der Machtkonzentration: «Je grösser Reichtum und Macht, desto geringer die Sättigung.» Macht- und Geldkonzentration sind nicht nur ein ungünstiger Zustand für die Freiheit des Einzelnen, sie sind eine schiefe Ebene zu immer noch mehr Konzentration. Sie ist letztlich eine Gewaltspirale.

«Wenn's keiner sagt, sag ich's» ist das neuste Buch von Milosz Matuschek, mit dem er sich den Titel «Spiegel-Bestsellerautor» verdiente – sehr zurecht, wie wir meinen. Es ist die Klarheit des Denkens und der Sprache, die aus der Sammlung von Texten aus den letzten zwei Jahren eine Goldgrube von Entdeckungen und Einsichten machen. Ein erkenntnisreicher, lesenswerter Rückblick auf eine absurde Zeit.

Milosz Matuschek: Wenn's keiner sagt, sag ich's – verengte Räume, absurde Zeiten. Fiftxfifty, 2022. 256 S. Fr. 28.90/€ 20.–

Somary war nie eine Stimme für die Massen, sondern wurde immer nur von wenigen gehört und gelesen. Das war schon zu seinen Lebzeiten der Fall und wäre es wohl auch heute, wenn man ihn in der breiten Öffentlichkeit neu entdecken würde. Die schonungslos ehrliche Auseinandersetzung mit der Zeit macht zu allen Zeiten einsam. ●

Milosz Matuschek veröffentlich in angesehenen Zeitschriften und auf seinem Blog: **freischwebende-intelligenz.org**

Die 20 Sozialgesetze von Felix Somary

1. Je stärker die Gewalt konzentriert ist, desto geringer ist die Verantwortung.
2. Je grösser (im öffentlichen Leben) die Schuld, desto geringer die Sühne.
3. Je mehr Rechte jemandem zustehen, desto weniger werden sie wahrgenommen.
4. Je mehr Funktionen ein Staat übernimmt, desto schwerer ist seine Verwaltung zu kontrollieren.
5. Je grösser und je vielseitiger der Staat, desto einflussloser das Volk.
6. Je stärker der Druck der Regierung, desto geringer der Widerstand der Massen.
7. Je grösser der Hunger, desto geringer der politische Widerstand.
8. Je grösser die Zivilisation, desto geringer die Freiheit.
9. Je mehr Gesetz oder richterliche Entscheidungen, desto weniger Recht.
10. Je besser die Verkehrsmittel, desto leichter können sie abgesperrt und desto weniger können sie benutzt werden, wenn man sie am meisten benötigt.
11. Je besser der Nachrichtendienst, desto weniger dringen der Tyrannis ungünstige Meldungen an die Aussenwelt.
12. Das Mitgefühl sinkt mit der Häufigkeit des Leides.
13. Je mehr Tyrannen, desto weniger Opposition.
14. Je weniger eine Sache begründet ist, desto leidenschaftlicher wird sie verteidigt.
15. Je weniger der Staat seine Bürger schützt, desto mehr verlangt er für diese Funktion.
16. Je schwächer der Staat, desto höhere Forderungen werden an ihn gestellt.
17. Je mehr Geld ausgegeben wird, desto geringer ist der gesamte Geldwert.
18. Je mehr die Oekonomie Erhöhung des Zinses verlangt, desto mehr senkt ihn die Politik herunter.
19. Je schwächer die Staatsfinanzen, desto höher die Ausgaben.
20. Je grösser Reichtum macht, desto geringer die Sättigung, desto stärker der Drang nach weiterer Vermehrung.

Quelle: Neue Schweizer Rundschau. Band (Jahr): 19 (1951-1952) Heft 7

Offene Gesellschaft oder geschlossene Gemeinschaft?

Von Simon Häusermann

Eine offene Gesellschaft zeichnet sich einerseits dadurch aus, dass sie Platz für unterschiedlichste individuelle Lebensentwürfe bietet. Damit das Streben nach Freiheit und individueller Selbstbestimmung aber nicht zur Auflösung der gesellschaftlichen Ordnung und Einheit führt, braucht eine offene Gesellschaft andererseits einen gemeinsamen Handlungsrahmen.

Dazu auferlegt sie sich selbst (auf rechtsstaatliche Weise) übergeordnete Handlungsprinzipien, welche die Mehrheit ihrer Mitglieder gemeinsam teilen und die für das gemeinschaftliche Handeln insgesamt richtungsgebend sind.

Das «Wunder» einer offenen Gesellschaft wird also gewissermassen durch das gleichzeitige Vorhandensein zweier Bedingungen ermöglicht:

Erstens die Bereitschaft, den Mitgliedern des gesellschaftlichen Kollektivs einen maximalen Gestaltungs- und Entwicklungsfreiraum zu ermöglichen sowie

zweitens durch einen stabilisierenden gesellschaftlichen Ordnungs- und Orientierungsrahmens in Form von breit akzeptierten Handlungsprinzipien.

Letztgenannte sind in der Regel den Verfassungen von Nationalstaaten als Präambel vorangestellt. In der schweizerischen Bundesverfassung finden sich etwa die folgenden Prinzipien: Verantwortung (gegenüber der Schöpfung sowie gegenüber den künftigen Generationen), Freiheit, Demokratie, Unabhängigkeit, Frieden, Solidarität, Offenheit, Rücksichtnahme und Achtung, Vielfalt in der Einheit.

Der österreichische Schriftsteller Hermann Broch (geboren 1886 in Wien, gestorben 1951 im amerikanischen Exil in New Haven, Connecticut) hat in seinen sozialkritischen Studien darauf hingewiesen, dass es letztlich gerade die allgemeine Formulierung dieser handlungsleitenden Prinzipien ist, in welcher der offene Charakter einer Gesell-

Foto: Gerd Altmann / pixabay.com

schaft zum Ausdruck kommt. Denn nur, wenn diese Prinzipien für die Mitglieder einer Gesellschaft einen ergebnisoffenen Rahmen bilden, innerhalb welchem der individuelle Handlungsfreiraum weitestgehend gewahrt bleibt, können sie ihre ethische Funktion innerhalb der gesellschaftlichen Selbstregulation erfüllen.

Werden dagegen solche übergeordneten Prinzipien mit konkreten, d.h. präzise definierten Handlungsformen gleichgesetzt, werden sie zu moralischen Verpflichtungen umfunktioniert. Nicht mehr die Vielfalt individueller Handlungsformen erscheint dann gesellschaftlich erstrebenswert, sondern die «eine legitime Einstellung». Mit anderen Worten: Wird in einer Gesellschaft eine bestimmte Form

der individuellen Meinungsäusserung mit der *Wahrheit*,
der gegenseitigen Rücksichtnahme mit *Solidarität*,
des subjektiven Rechtsempfindens mit *Gerechtigkeit*,
der rationalen Erkenntnisgewinnung mit *Wissenschaft*,
der jeweils möglichen Wertvorstellungen mit *Offenheit, Unabhängigkeit oder Demokratie*

identifiziert und wird diese Form zur absoluten bzw. «alternativlosen» Handlungsmaxime erhoben, verliert sie ihren offenen Charakter und wird zu einer geschlossenen Gemeinschaft.

Als solche setzt sie bei ihren Mitgliedern eine bestimmte persönliche Haltung oder Gesinnung als zwingende «Teilnahmebedingung» voraus. Abweichende Positionen oder Personen, die solche vertreten, werden von der Gemeinschaft ausgeschlossen, tabuisiert oder sogar verfolgt.

Noch steht es uns offen, welchen Weg wir einschlagen wollen: Haben wir den Mut zur Erneuerung der offenen Gesellschaft oder ziehen wir den hermetischen Schutz und die «garantierte Sicherheit» einer geschlossenen Gemeinschaft vor?

Der Autor ist Vorstandsmitglied des «Forums Ouverture» – für eine offene Gesellschaft.
forum-ouverture.ch

Chapeau! – für Anni Lanz

Anni Lanz setzt sich seit über 40 Jahren für die Rechte von Geflüchteten und Sans-Papiers ein. Ihr Engagement besteht nicht nur aus schönen Floskeln und gut gemeinten Worten, sondern aus handfesten Taten. 2004 wurde ihr von der Universität Basel die Ehrendoktorwürde verliehen, 2005 war sie für den Friedensnobelpreis nominiert. Nun wurde die 76-Jährige mit dem Prix Courage Lifetime Award des «Beobachters» ausgezeichnet. *Von Nicole Maron*

Dass ich Anni Lanz 2014 kennenlernen durfte, verdanke ich meiner Hartnäckigkeit. Eigentlich wollte sie keine Interviews mehr geben, weil schon alles gesagt sei. Doch schliesslich liess sie sich erweichen und ich durfte – damals fürs «Strassenmagazin Surprise» – ein Porträt über sie schreiben. Wofür ich bis heute dankbar bin, war sie doch immer ein grosses Vorbild für mich gewesen. Ihr Engagement für geflüchtete Menschen ist vielleicht einzigartig. Denn es ist radikal und sehr persönlich – und das schon seit mehr als 40 Jahren.

Seit mehreren Jahrzehnten bringt Anni Lanz Geflüchtete und Sans-Papiers in ihrer Dreizimmerwohnung in Kleinbasel unter – insgesamt mehr als 100, und zeitweise sechs gleichzeitig. Auf Grund ihres Engagements ist sie im Lauf der Jahre auch immer wieder mit dem Gesetz in Konflikt geraten und wurde mehrfach verurteilt. Und würde ohne Zögern wieder gleich handeln: «Es ist mir wichtiger, das Leben eines Menschen zu schützen, als ein Gesetz buchstabengetreu einzuhalten», sagt sie. Denn: Recht widerspiegelt nicht unbedingt Gerechtigkeit.

«Wenn ich etwas nicht richtig finde, bin ich stur»: *Anni Lanz, Trägerin des Prix Courage Lifetime Award. (Foto: Beobachter)*

«Ich war oft als Lobbyistin im Bundeshaus und hatte auch die Gelegenheit zu beobachten, wie Gesetze verabschiedet wurden. Ich kann Ihnen sagen, dabei geht es nicht immer professionell zu.» Gesetze, sagt Lanz, können unschlüssig sein oder Lücken aufweisen. Einmal in Kraft getreten, gelten sie aber – auch wenn sie im Widerspruch zu den Menschenrechten stehen.

Deshalb nimmt Lanz die Sache lieber selbst in die Hand. Sie hat sich die juristischen Grundlagen selbst erarbeitet und leistet Hilfe, wo der Staat keine Unterstützung bieten kann oder will. Sie hilft Anträge und Beschwerden zu schreiben, stellt Härtefallgesuche, begleitet bei Behördengängen, macht Besuche im Ausschaffungsgefängnis. Hunderte von Rekursen hat sie geschrieben und Dutzende von politischen Kämpfen ausgefochten. 14 Abstimmungen und unzählige Asylverfahren hat sie verloren, doch sie hat nie aufgegeben. «Wenn ich etwas nicht richtig finde, bin ich stur», sagt sie.

Das Bundesgericht warf ihr dagegen vor, unbekümmert Gesetze zu übertreten. «Das finde ich frech», sagt Lanz, «und es stimmt nicht. Natürlich nehme ich die Gesetze ernst. Und natürlich bemühe ich mich, sie

Was machen eigentlich die Verfassungsfreundeg

Der neue allein-Präsident der Verfassungsfreunde, Roland Bühlmann, ist ehrlich: Nichts sei geschehen, seit er im April in den Vorstand gewählt und dann zum Ko-Präsidenten bestimmt wurde. Ein bisschen Hin-und-her und vor allem viel Streit, der am 13. November zum Rücktritt von fünf von acht Vorstandsmitgliedern führte. In ihrem Rücktrittsschreiben teilten sie gleichzeitig mit, der Restvorstand sei nicht mehr handlungsfähig, der Verein solle aufgelöst und seine nicht unbeträchtlichen Mittel an ein paar Organisationen verteilt werden, von denen einige so schwach sind, dass sie ohne dieses Geld nicht überleben werden. Viel tiefer kann man nicht fallen.

Der Massenrücktritt bewog ein paar Verfassungsfreunde der ersten Tage, darunter auch den Schreibenden, eine offene Debatte über die Zukunft dieser einst so glorreichen Bewegung (doppelt so viele Mitglieder wie die Grüne Partei), einen demokratischen Neustart und eine Rückbesinnung auf das ursprüngliche Ziel anzustossen. Und das war, wie sich 70 «Erben der Eidgenossenschaft» an Pfingsten 2020 auf dem Rütli gelobten, «für die Verfassung der Schweizerischen Eidgenossenschaft einzustehen, sie zu verteidigen und zu vollenden». Grosse Worte, einverstanden. Ob der Neustart der Verfassungsfreunde gelingt, muss sich erst noch weisen. Aber: Wenn sie sichnach innen nicht demokratisch aufstellen, dann werden sie auch nach aussen nichts für die Demokratie erreichen. CP

neustart-verfassungsfreunde.ch.

Die Freunde brauchen Freunde

einzuhalten, obwohl ich gewisse Bestimmungen mühsam finde.» Anni Lanz hat einen Lebenssinn darin gefunden, sich für andere einzusetzen. Doch dies hat seinen Preis: Im Juni 2022 wurde sie mit Atembeschwerden ins Spital eingeliefert. Diagnose: Takotsubo, das Syndrom des gebrochenen Herzens. Eine Erkrankung, die durch emotionalen oder physischen Stress ausgelöst wird. Sie muss für den Rest ihres Lebens Medikamente nehmen, doch ihre Energie ist ungebrochen.

Wir ziehen den Hut vor Anni Lanz, die die Schweiz zu einem besseren Ort macht und uns daran erinnert, dass es sich trotz allem lohnt, gegen Windmühlen zu kämpfen. Dass jedes Mal, wenn wir uns solidarisch zeigen und Worten Taten folgen lassen, für einen Menschen ein Licht aufgeht. Und dass es dies Wert ist. Jedes Mal.

Überleben ohne Heizung – ein Erfahrungsbericht

In der Schweiz ist es lange her, dass man sich um die Deckung der Grundbedürfnisse sorgen musste. Das ist im peruanischen Hochland auf fast 4000 Meter über Meer anders, wo unsere Redaktorin Nicole Maron grösstenteils lebt. *Von Nicole Maron*

Zurzeit werde ich oft um Tipps gebeten, wie man in einer kalten Wohnung überlebt. Der drohende Gas- und Energiemangel bereitet vielen Schweizern Sorgen. Dass Ressourcen nicht permanent und im Überfluss vorhanden sind, ist für die Bevölkerung von Mitteleuropa neu und schockierend. Die Generation, die den Zweiten Weltkrieg erlebt hat, ist praktisch ausgestorben. Europa hat sich jahrhundertelang als «der fortschrittliche Kontinent» gesehen, der dem Rest der Welt beibringen muss, wie man besser lebt, besser arbeitet, besser produziert. Doch oft wird nicht darüber nachgedacht, dass es gerade dieses angeblich gute Leben ist, das unseren Planeten an den Rand des Kollapses gebracht hat.

Jetzt ist der Moment gekommen, in dem die «Industrieländer» von der sogenannten Dritten Welt lernen müssen: von denen, für die es normal ist, ohne Heizung oder warmes Wasser zu leben.

Ich lebe schon lange einen Teil des Jahres in den Anden, auf fast 4000 Meter über Meer. Auch wenn wir uns in der Nähe des Äquators befinden, können die Temperaturen in der Nacht durchaus auf null Grad fallen – in höher gelegenen ländlichen Gemeinden sogar deutlich unter null. Heizungen existieren hier nicht. Für uns gehört es zum Alltag, mit Jacke, Mütze, Schal, dicken Socken und Stiefeln am Schreibtisch zu sitzen. Fingerlose Handschuhe ermöglichen das Tippen mehr oder weniger, und eine um die Hüfte gewickelte Wolldecke gehört vor allem

Jetzt ist der Moment gekommen, in dem die Industrieländer von der so genannten Dritten Welt lernen müssen, wie man ohne Heizung oder warmes Wasser lebt.

bei den Frauen zur Grundausstattung. Ist übrigens ein Geheimtipp: Wenn Nieren, Ohren und Füsse warmgehalten werden, friert man viel weniger schnell.

Und doch: Abends gemütlich auf dem Sofa sitzen, liegt nicht drin. Im Winter will man spätestens ab neun Uhr nur noch ins Bett und unter mehrere Schichten von Decken aus Alpaca-Wolle. Die sind allerdings so schwer, dass man das Gefühl hat zu ersticken, wenn man mehr als drei der Decken aufeinanderschichtet. Im Bett zu lesen wird dadurch erschwert, dass die Hände oder zumindest die Fingerspitzen der kalten Luft ausgesetzt sind, genauso wie Augen und Nasenspitze. Im Winter ziehe ich meistens die Decke so über den Kopf, dass nur noch ein Luftloch offenbleibt.

Wenn man in dieser Kälte morgens aufsteht, ist der Gedanke an eine heisse Dusche die beste Motivation. Doch Fehlanzeige. In Puno, wo ich zwei Jahre lang gewohnt habe, haben die meisten Menschen höchstens lauwarmes Wasser. Ich hatte Glück, denn wir hatten einige Solarzellen auf dem Dach und im Schnitt an zwei bis drei Tagen pro Woche heisses Wasser. Natürlich nur in der Dusche. Zum Händewaschen oder Abwaschen gibt's nur eiskaltes Wasser – genauso für die Waschmaschine, wenn man denn eine hat.

Womit wir beim Thema wären: Haushaltsgeräte wie Waschmaschine, Tumbler oder Geschirrspüler – in ländlichen Gemeinden auch Kühlschränke – sind hier ein Luxus, den sich nur wenige leisten kön-

Abends gemütlich auf dem Sofa sitzen liegt nicht drin. Im Winter will man spätestens ab neun Uhr nur noch ins Bett unter Decken aus Alpaca-Wolle.

nen – auch wegen der hohen Stromkosten. Deshalb tun sich auch nur wenige Menschen Elektro-Öfeli oder kleine Gasheizungen zu. Abgesehen davon, dass diese nicht viel bringen, da die Fenster kaum isolieren: Man hat Glück, wenn sie Wind und Regen abweisen. In meiner jetzigen Wohnung kann ich das Schiebefenster meines Homeoffice-Büros nicht ganz schliessen, weil dort das Internetkabel eingezogen wurde.

Wenn ich das in der Schweiz erzähle, denken die Leute manchmal, ich übertreibe. Dabei müsste man nur die Grosseltern fragen, wie sie aufgewachsen sind. Doch in den letzten Jahrzehnten haben wir uns an den Komfort gewöhnt. Wer hätte gedacht, dass zuerst ein Virus unsere gut abgeriegelten Grenzen überqueren könnte, und dann die Auswirkungen eines Krieges? Krankheit und Gewalt sind für uns jahrzehntelang kein Thema gewesen. Dass irgendwo auf der Welt zigtausende von Menschen an Dengue, Ebola oder in einem Bürgerkrieg starben, spielte für uns keine grosse Rolle – schliesslich fand das alles so weit weg statt, dass es uns nicht gefährlich werden konnte.

Und jetzt müssen wir uns auf einmal darum sorgen, ob wir im Winter die Wohnung heizen und heiss duschen können. Der Bundesrat will, dass wir die Raumtemperaturen auf 19 Grad beschränken, und Simonetta Sommaruga empfiehlt, zu zweit zu duschen, um Wasser zu sparen. Über Nachhaltigkeit geredet wird in der Schweiz viel. Doch jetzt bekommen wir einen kleinen Vorgeschmack davon, was nachhaltig leben eigentlich bedeuten würde: den Verzicht auf Waschmaschine, Geschirrspüler, Heizungen oder Kühlschrank – für viele Menschen im Globalen Süden bis heute Realität. Auch wenn wir sie als unterentwickelt und rückständig bezeichnen, sind sie die eigentlichen Klimahelden. Vielleicht denken wir öfter mal darüber nach, während wir das grosse Opfer bringen, den Geschirrspüler nicht halbleer laufen zu lassen oder den Backofen nicht vorzuheizen. ●

Jetzt bekommen wir einen Vorgeschmack davon, was nachhaltig leben eigentlich bedeutet.

Wie gehen wir mit der Krise um?

Zu dieser Frage hat sich auf zeitpunkt.ch eine rege Diskussion unter den Leserinnen und Leser entwickelt. Hier eine Auswahl der Zuschriften.

Gute Nachbarschaft

Im September 21 bin ich in eine Wohnung in einem 6-Haushalte-Mietblock gezogen. Schon im Vorfeld klärte mich eine Nachbarin, die ich bereits flüchtig kannte, auf: «Wir werden dich dann bei einem Essen in deiner Wohnung offiziell begrüssen. Das Essen bringen wir mit. Du brauchst nur den Tisch zu richten.» und: «Drei Nachbarinnen singen während der Corona-Zeit abends auf den eigenen Balkonen oder im Treppenhaus mit Abstand miteinander.»

Ein gemeinsamer Haus-Chat ist schon oft äusserst hilfreich gewesen. Kürzliche Beispiele: Waschküche ist schon frei, Waschmaschine defekt, darum Hausbesitzerin informiert, wer kann die Türe öffnen, wenn der Monteur kommt? Es entsteht immer mehr Gemeinsames. *Elsbeth Asper*

Gemeinschaftsbildung braucht logistische Unterstützung.

In Ländern wie der Schweiz leben viele Menschen im Überfluss und nennen es Wohlstand. Ich nenne es wohlstandsverwahrlost. Das ist auch eine Gesellschaft ohne Gemeinschaft. Insbesondere in den digitalisierten Schlaraffenländern fühlt sich etwa ein Drittel der Menschen einsam. Menschen sind nicht geschaffen, um nur allein zu sein. Sie möchten sich leibhaftig austauschen, einander zuhören, sich verstehen, sehen und wahrnehmen. Sich und ihre Welt gemeinsam weiterentwickeln. Und das geht nun mal nur mit anderen zusammen.

Allein sind heute nicht nur betagte Menschen: auch viele jüngere und Menschen, die ihren Job, den Partner, ihre Familie oder Freunde verloren haben.

Wie wir miteinander umgehen, ist Alltagskultur. Wie wir einander respektieren, wie wir uns sozial

Traumatisierte Menschen traumatisieren Menschen. Da nützt es wenig, mit dem Finger auf andere zu zeigen.

verhalten, wie wir einander unterstützen und helfen, wie wir uns um unsere Mitmenschen und um unsere Welt kümmern.

Gemeinschaft ist, wenn wir es als eine Selbstverständlichkeit leben, dass unsere öffentlichen Räume der Bevölkerung als naheliegende und vertraute Begegnungsorte dienen: miteinander und füreinander. Es gibt dafür viele Möglichkeiten. So wie bereits «Allschwil bewegt» im Wegmattenpark, eine «Plauderbank» im Lindenpark oder eine «Bücherkabine» im Tulpenpark. Und neu vielleicht beispielsweise «Generationen verbindende Spielräume» oder «Raumpatenschaften im Quartier»?

Solches und noch viel mehr geht in unserer hybriden Gesellschaft aber nicht von selber. Es braucht dafür eine logistische Unterstützung. Deshalb habe ich bereits 2017 ein Postulat «Support für Gemeinschaftsbildung (in der Zivilgesellschaft)» eingereicht. Ich kann nur hoffen, dass der Einwohner- und der Gemeinderat verstehen, was mit Gemeinschaftsbildung gemeint und möglich ist ... und wahrhaftig und wirklich mehr dafür tun wollen!

Ueli Keller, Einwohnerrat Allschwil

Wie finden wir unsere festen Treffpunkte?

Aus den sozialen Kontakten schöpfen wir Hoffnung, Kraft und inneren Frieden. Die sozialen Kontakte sind sehr wichtig geworden, vor allem in den letzten Jahren, wo sie uns in hohem Masse abhandengekommen sind. Man suchte und fand Kontakte, ging an Demos, trat den Verfassungsfreunden bei, dem Netzwerk der Graswurzler und anderen Vereinen und Gruppierungen. Plötzlich hatte man neue Freunde und beobachtete, was da weltweit geschah, was möglicherweise auf uns zukommt und wie wir uns darauf vorbereiten können. Durch Themen wie Permakultur, Vorräte anlegen, Einkochen, Garten und Gemüseanbau usw. lernte man viel Neues fürs Leben. In diesen grösser werdenden Gruppen treffen wir uns seither regelmässig zum sozialen Austausch. Im Sommer draussen und im Winter drinnen.

Manche haben ein festes Lokal angemietet mit Kosten-Aufwand. In Privathäusern und Wohnungen ist dieser Aufwand bescheiden, aber auch der Platz beschränkter. Wie lässt sich das Platzproblem kostengünstig lösen? Diese Frage treibt mich um! Wer weiss wie?

Heidy Seeberger, Hunzenschwil

Was haben all die Krisen gemeinsam?

Meine persönliche Antwort lautet: Es sind alles menschengemachte Krisen, die nicht versiegen werden, solange die ursächliche Krise nicht behoben wird.

Traumatisierte Menschen traumatisieren Menschen. Da nützt es wenig, mit dem Finger auf andere zu zeigen und ein paar unbeliebte Spielfiguren auszuwechseln. Solange das Übel nicht an der Wurzel gepackt wird, kann sich langfristig nichts zum Besseren ändern.

Ganz spezielle Zeitgenossen sind ja der Meinung, dass die Spezies Mensch fehlerbehaftet sei und durch künstliche Intelligenz korrigiert oder zumindest durch Totalüberwachung reguliert werden sollte. Diese abgehobenen, elitären Kreise mit ihrer transhumanistischen Dystopie sind jedoch das Problem und kein Teil der Lösung bei der Bewältigung der ursächlichen Krise.

Für mich liegt ein entscheidender Schlüssel in einem Paradigmenwechsel, der alle Schichten der Gesellschaft erfassen sollte. Es braucht mehr Bewusstsein dafür, dass Menschen keine Objekte, sondern Subjekte sind. Der Start ins Leben (der bereits bei der Zeugung beginnt) und die ersten drei Kindheitsjahre sind von essenzieller Bedeutung für die Entwicklung eines Menschen. In dieser Zeit werden die Weichen gestellt, ob später narzisstisch gestörte Persönlichkeiten und im Extremfall abscheuliche Despoten zum Vorschein kommen, oder ob sich liebevolle Menschen entwickeln, denen eine Herzensverbindung mehr bedeutet als materieller Reichtum und politische Macht.

Wenn wir die kleinsten menschlichen Wesen wirklich willkommen heissen und ihnen von Anfang an unsere liebe- und verantwortungsvolle Aufmerksamkeit schenken, dann kann das grossartige Männer und Frauen hervorbringen, die so gewaltige Krisen gar nicht mehr entstehen lassen.

Wie bereite ich mich also auf die Krise(n) vor? Ich werde möglichst vielen Menschen dabei helfen, sich den eigenen inneren Krisen und Kriegen zu stellen, damit diese künftig nicht mehr im Aussen eskalieren müssen. Derart gestärkte Erdenbewohner werden den göttlichen Funken in jedem Baby leichter erkennen und sind fähig, Kinder liebevoll in ein selbstbestimmtes Leben zu begleiten. So können diese ihr volles Potenzial entfalten und ihrem Wesenskern entsprechend zu wahrhaft authentischen Menschen heranwachsen. Vielleicht können so die meisten der uns bekannten Krisen zukünftig vermieden werden.

Deshalb empfinde ich die Krise auch als grosse Chance.

Klaus Köhler, Naturcoach

Sämtliche Zuschriften zum Thema «Krisenvorbereitung» finden Sie auf zeitpunkt.ch

«Die Ungeimpften sind Superhelden»

Der Impfbefehl der Regierungen hat auch Leute stutzig gemacht, die sich an Kommandostrukturen angepasst haben, den französischen General Christian Blanchon zum Beispiel. Er hat im September den nachstehenden Dankesbrief an die Ungeimpften veröffentlicht.

- Selbst wenn ich vollständig geimpft wäre, würde ich die Ungeimpften dafür bewundern, dass sie dem grössten Druck standgehalten haben, den ich je erlebt habe, auch von Ehepartnern, Eltern, Kindern, Freunden, Kollegen und Ärzten.
- Menschen, die zu einer solchen Persönlichkeit, einem solchen Mut und einer solchen Kritikfähigkeit fähig waren, verkörpern zweifellos das Beste der Menschheit.
- Es gibt sie überall, in allen Altersstufen, Bildungsniveaus, Ländern und mit allen Ansichten.
- Sie sind von besonderer Art; es sind die Soldaten, die jede Armee des Lichts in ihren Reihen haben möchte.
- Sie sind die Eltern, die sich jedes Kind wünscht, und die Kinder, von denen alle Eltern träumen.
- Sie sind Wesen, die über dem Durchschnitt ihrer Gesellschaften stehen; sie sind die Essenz der Völker, die alle Kulturen aufgebaut und Horizonte erobert haben.
- Sie sind da, an deiner Seite, sie scheinen normal, aber sie sind Superhelden.
- Sie haben getan, was andere nicht tun konnten; sie waren der Baum, der dem Orkan der Beleidigungen, der Diskriminierung und der sozialen Ausgrenzung standhielt.
- Und sie taten es, obwohl sie glaubten, sie seien allein.
- Ausgeschlossen vom Weihnachtstisch ihrer Familien, haben sie noch nie etwas so Grausames erlebt. Sie verloren ihre Arbeit, liessen

Es sind die Soldaten, die jede Armee des Lichts in ihren Reihen haben möchte.

ihre Karrieren fahren und hatten kein Geld mehr …, aber das war ihnen egal. Sie litten unter unermesslicher Diskriminierung, Denunziation, Verrat und Demütigung …, aber sie machten weiter.

- Nie zuvor in der Geschichte der Menschheit hat es eine solche Besetzung gegeben; wir wissen jetzt, wer die Widerständler auf dem Planeten Erde sind.
- Frauen, Männer, Alte, Junge, Reiche, Arme, aller Rassen und Religionen, die Ungeimpften, die Auserwählten der unsichtbaren Arche, die einzigen, die es geschafft haben, Widerstand zu leisten, als alles zusammenbrach.
- Ihr habt eine unvorstellbare Prüfung bestanden, die viele der härtesten Marines, Kommandosoldaten, Green Berets, Astronauten und Genies nicht bestehen konnten.
- Du bist aus dem Stoff der Grössten gemacht, die je gelebt haben, jener Helden, die unter den gewöhnlichen Menschen geboren wurden und in der Dunkelheit leuchten.

Quelle: medias-presse.info

Die Mengeles sind mitten unter uns

Anthony Fauci ist seit 40 Jahren Direktor des US-amerikanischen «National Institute of Allergy and Infectious Diseases» (NIAID). Mit einem Budget von jährlich mehr als sechs Milliarden Dollar kann er mehr Geld für pharmazeutische Forschung ausgeben als Bill Gates.

Anthony Fauci war die Leitfigur des US-Pandemiemanagements. Aktenkundig sind u.a. Versuche, seine Verbindung zur gefährlichen gain-of-function-Forschung am Labor in Wuhan zu vertuschen und wirksame Medikamente wie Ivermectin oder Hydroxychloroquin aus dem Markt zu nehmen. Das Vorhandensein wirksamer Behandlungen hätte die Notfall-Zulassung der Impfungen rechtlich verunmöglicht.

Anthony Fauci spielt nicht nur im weltweiten Pandemiegeschehen eine äusserst zwielichtige Rolle. Hinter ihm liegt auch eine lange Geschichte von Experimenten mit toxischen AIDS-Medikamenten an schwarzen Kindern in den USA und in mehreren Entwicklungsländern mit hunderten, vermutlich tausenden von Todesfällen.

Fauci war auch massgeblich daran beteiligt, der These von einem Virus als Auslöser von AIDS zum Durchbruch zu verhelfen. Dazu eliminierte er aus den offiziellen Dokumenten Berichte von hunderten von Ärzten, die AIDS-Fälle mit negativem HIV-Test dokumentierten. Sie weisen darauf hin, dass die Ursache von AIDS nicht in einem Virus – das übrigens nie als Ganzes isoliert wurde – sondern in einer Reihe von Ko-Faktoren liegt.

Seinen grossen Coup landete er mit der mehr als drei Milliarden teuren AIDS-Impfkampagne in Afrika mit

einem «Impfstoff», der nur dank betrügerischer Wissenschaft überhaupt zur Anwendung kam und eine unbekannte, aber vermutliche hohe Zahl von Opfern forderte.

All dies hat der Umwelt- und Menschenrechtsanwalt Robert F. Kennedy jun. – Gründer von «Childrens Health Defense» – im voluminösen, wasserdicht begründeten New York Times-Bestseller «The Real Anthony Fauci» dargestellt (auf Deutsch im Kopp-Verlag «Das wahre Gesicht des Dr. Fauci»)

Anthony Fauci *(*1940) 1984 in seinem ersten Jahr an der Spitze des «National Institute of Allergy and Infectious Diseases» (Bild: Wikimedia Commons)*

Hinter dem 82-jährigen Maskenonkel verbirgt sich ein Mengele, der seine menschenverachtenden Experimente einfach ein bisschen besser mit Pseudo-Wissenschaft tarnt und über deutlich mehr Geld und ein grösseres Netzwerk an Regierungsbeamten, Professoren und Pharmafirmen verfügt. Seine Wirkung ist subtiler, aber nicht minder tödlich.

Auf der Basis des Buchs von Kennedy und in Kooperation mit ihm ist jetzt der Film «The Real Anthony Fauci» herausgekommen. Die gut gemachte Dokumentation beginnt mit der Rolle von Fauci in der Corona-Pandemie und steigt dann in seine dunkle Vergangenheit. Erschütternd. *Red.*

Berühmt wurde Anthony Fauci al der Pandemie-Experte der USA. Aber seine dunkle Geschichte reicht weit zurück.
Robert F. Kennedy: Das wahre Gesicht des Dr. Fauci. Kopp-Verlag, 2022. Geb. 864 S. € 30.–

www.therealanthonyfaucimovie.com

«Jemand musste es ja tun»

Die Filmporträts «Unerwünscht» des Berner Filmemachers Mike Wyniger geben Menschen eine Stimme, die aufgrund der Covid-19-Injektion an Nebenwirkungen leiden. Der Zeitpunkt im Gespräch mit dem Berner Filmemacher und Kameramann Mike Wyniger.

Zeitpunkt: Wie ist die Idee zum Filmprojekt Unerwünscht entstanden?

Mike Wyniger: Ich musste bereits letztes Jahr feststellen, dass die Leitmedien das Thema Impfnebenwirkungen weitgehend ignorieren. Somit existieren dann auch keine Berichte und Dokumente aus dieser Zeit, die im Falle einer Aufarbeitung sehr wichtig sind. So entstand anfangs 2022 die Idee, Zeitdokumente zu erstellen und die Impfverletzungen festzuhalten. Jemand muss es ja tun, wenn es die grossen Medienhäuser nicht machen. In einem gewissen Sinn habe ich mich dafür geopfert.

Ein weiteres Ziel der Produktion ist, die Debatte über die Impfnebenwirkungen und den Folgeschäden anzustossen. Und auch um zu zeigen, wie sich die Ärzteschaft verhält und grösstenteils wegschaut. Sei es durch Angst vor Konsequenzen für die Praxis oder aus blindem Vertrauen in Behörden wie Swissmedic oder die FMH.

Wie lange dauerte die Produktion?

Die Dreharbeiten starteten im Mai und dauerten bis in den Juli hinein. Die Form stand nicht von Anfang an

Zeitdokumente festhalten: *Mike Wyniger an der Arbeit. (Bild: zVg)*

fest. Erst stand die Idee im Raum, eine Dokumentation zu drehen. Weil diese jedoch nicht auf einem angestammten Sender laufen würde, blieb als Plattform nur Social Media wie YouTube, Facebook & Co. Auf diesen Kanälen ist jedoch alles, was länger als fünf Minuten dauert, nicht wirklich von Reichweite gekrönt. Deshalb sind acht Kurzporträts à je fünf Minuten entstanden. Diese kann man entweder nacheinander oder mit zeitlichem Unterbruch anschauen.

Wie habt ihr die Menschen gefunden, die bereit waren, vor der Kamera ihre Leidensgeschichte zu erzählen?

Ein Aufruf in den sozialen Medien wollte ich unbedingt vermeiden. Deshalb wandte ich mich an Ärzte und Juristen, die mit Opfern zu tun haben. So hatte ich auch die Gewissheit, dass es sich um tatsächliche Impfnebenwirkungen handelt. Zusätzlich liess ich mir auch die medizinischen Unterlagen zeigen, welche teilweise dicke Ordner füllen.

Sind weitere Episoden in Planung?

Dies ist völlig offen. Die Produktion war sehr anspruchsvoll und Erholung ist nun angesagt.

Interview: Barbara Hagmann

Das Projekt «unerwünscht» wurde durch den «Verein Zeitdokument» finanziert, der weiterhin Spenden entgegennimmt, um die Kosten zu decken. IBAN CH64 0900 0000 1592 9433 4 (Zeitdokument, 3000 Bern)
unerwuenscht.ch

Es ging mir auch darum,zu zeigen, wie sich die Ärzteschaft verhält und grösstenteils wegschaut.

Chapeau! – für Markus Schamberger

Der Mann, der mit Kultur und Genuss um sich wirft.

Die Hälfte des Werbegeldes wird zum Fenster hinausgeworfen, nur weiss man nicht welche Hälfte. Dies sagt eine Branchenweisheit aus der Werbung. Wenn Sie weiterlesen, lernen Sie einen Menschen kennen, der das ganze Werbegeld nicht zum Fenster hinaus, sondern in einen Saal wirft, und zwar so, dass tausende Musikfreunde in der ganzen Schweiz, vor allem Liebhaber des Jazz, etwas davon haben.

Markus Schamberger ist Inhaber und Geschäftsführer der Weinhandlung am Küferweg, wo Bio und Genuss nicht nur kein Widerspruch, sondern so selbstverständlich sind, dass die meisten Etiketten nicht mehr von einem Label verunstaltet werden. Irgendwo steht dafür in kleiner Schrift, dass die Weine ihre Qualität nicht irgendwelchen Zusätzen verdanken, sondern den Kräften der Natur und dem Können der Winzerinnen und Winzer.

Markus Schamberger ist mir seit Jahren bekannt als der Mann, der zwei Bio-Grosshändler zusammenbrachte und nach vollbrachter Tat die Weinhandlung am Küferweg von Heiner Stolz übernahm und nach Seon in die ehemalige Konservenfabrik brachte.

Hier zeigte sich, was der Marketingfachmann Markus Schamberger von Marketing versteht. Anstatt die Hälfte des Werbebudgets zum Fenster hinauszuwerfen, investierte er alles in ein Konzertlokal, das vor fünf Jah-

In der Konservi trugen wir exakt so viel Maske und hielten genauso grosse Abstände ein, wie gesundheitlich erforderlich.

ren unter dem Namen «Konservi» Jazzfreunde aus der ganzen Schweiz aufhorchen liess.

Mitten in der Deutschschweiz gelegen, sollten hier in der Folge Tausende von Musikfreunden einen gediegenen Abend verbringen. Denn in der Konservi hört es sich nicht nur bestens, es isst und trinkt sich auch gediegen, und man trifft Freunde, die man noch nicht gekannt hat. Die «Marketing»-Überlegung von Markus Schamberger: Wer Musik liebt, trinkt auch gerne guten Wein.

Persönlich kennengelernt habe ich Markus Schamberger in der «Pandemie», als sich viele Veranstalter durch die Massnahmen einschüchtern liessen. Nicht so Markus Schamberger. Mit dem Zeitpunkt und anderen Projekten konnte ich dort verschiedene Veranstaltungen durchführen, die anderswo kaum möglich gewesen wären. Wir trugen exakt so viel Maske und hielten genauso grosse Abstände ein, wie gesundheitlich erforderlich. Und wie viel das ist, weiss man heute, wo die meisten behördlichen Mythen entzaubert sind.

Ich hoffe, dass dieser Text nicht aus dem Fenster geworfen ist, sondern Eingang in Ihr Genusszentrum findet.

Anfangs November feierte die Konservi ihr fünfjähriges Bestehen, mit einem Konzert mit dem Trio des Trompeters Peter Schärli, der bereits beim allerersten Konzert auf der Bühne stand. Es war ein wunderbarer Abend ganz nach dem Geschmack von Markus Schamberger: Keine langen Lobeshymnen, ein paar Dankesworte, ein Applaus für alle Mitarbeiter und dann ein bewegender Auftritt von Peter Schärli, Hans-Peter Pfammatter am Piano und Thomas Dürst am Kontrabass.

Ganz auf «Werbung» verzichtet allerdings auch Markus Schamberger nicht. Er besteht darauf, im Zeitpunkt inserieren zu dürfen. Eine Perle ist das jährlich erscheinende Küferweg-Weinbuch mit knapp 250 Seiten und den spannenden Geschichten all der Winzerinnen und Winzer, mit denen der Küferweg zusammenarbeitet. Das vom Autor Stefan Keller, dem Fotografen Reto Camenisch und dem Grafiker Ruedi Rey gestaltete Buch ist die ideale geistige Vorspeise für den Weingenuss.

Jetzt ist aus diesem Chapeau ohne Absicht fast ein Werbetext entstanden. Ich hoffe, dass er nicht aus dem Fenster geworfen ist, sondern Eingang in Ihr Genusszentrum gefunden hat, das in diesen Zeiten besondere Anregungen verdient. *Christoph Pfluger*

küferweg.ch • konservi.ch

Es ist fast von selbst entstanden

Im Toggenburg ist ein kleines Refugium entstanden. Die regionale Vernetzung von Gleichgesinnten hat zur Gründung verschiedener Projekte geführt. Dazu gehören ein Hofladen, eine Schule und Gemeinschaftsgärten. Annemarie Suter, eine der Initiantinnen erzählt vom Erfolgsrezept der Gemeinschaft.

Zeitpunkt: Ihr habt haben im Toggenburg ein kleines Refugium geschaffen. Wie ist es dazu gekommen?

Annemarie Suter: Wir hatten das Glück, dass wir uns schon vor dem Lockdown im März 2020 als Frauen im Toggenburg, die irgendwas mit Gesundheit zu tun hatten, zusammengeschlossen hatten. Das Ziel war, uns gegenseitig kennenzulernen und zu unterstützen, anstatt uns zu konkurrieren. Nebst gemeinsamen öffentlichen Auftritten haben wir uns auch in einer Chat-Gruppe vernetzt. Ein Teil dieser Frauen gründete im April 2020 eine weitere Gruppe aus der Motivation heraus, sich über Fragen, Sorgen und mögliche Perspektiven, die mit Corona und den Massnahmen zusammenhingen, auszutauschen. Diese Chat-Gruppe wuchs schnell an, sodass bald der Wunsch entstand, sich auch persönlich zu treffen. So trafen wir uns im Oktober 2020 zum ersten Mal als «Stammtisch», wie wir ihn heute nennen. Seither treffen wir uns wöchentlich. Damals wie heute kann man wirklich sagen, dass es ein Refugium für uns ist. Ein sicherer Raum, wo wir uns mit all unseren persönlichen und gesellschaftsbezogenen Fragen und Ängsten öffnen können und uns eines wertfreien Zuhörraums und gegenseitiger Unterstützung sicher sein können. Geschaffen hat sich dieses Refugium fast von selbst, der Wunsch nach regionaler Vernetzung war bei vielen Menschen da, wir mussten nur noch Raum und Rahmen dafür schaffen.

Wie fördern Sie die Gemeinschaft?

Wir haben von Anfang an darauf geachtet, dass unsere Treffen moderiert werden. Zu Beginn haben wir gewünschte Themen gesammelt und auf Flip-Charts notiert. Damit jeder sich einbringen kann und gehört wird, reden wir oft in «Sprechstab-Runden». Das heisst, nur wer den Stab in den Händen hält, darf reden; alle anderen hören zu. So kann ein sicherer Raum entstehen, in dem sich niemand ins Wort fällt oder nur die «Schnellsten» zu Wort kommen. Auch das gemeinsame Singen hat einen sehr positiven Einfluss auf unser Gruppenfeld. Dadurch werden im Hirn uralte, archaische Regionen angeregt, die dem menschlichen Bedürfnis nach sicherer Gemeinschaft entsprechen. Auch achten wir darauf, dass wir uns nicht mittels Kritik gegenseitig abwerten. Bei wichtigen Entscheidungen nutzen wir die soziokratische Konsententscheidung. Anders als bei der demokratischen Mehrheitsentscheidung – bei welcher immer der Teil der Gruppe, der die Minderheit ausmacht, nicht hinter der Entscheidung steht – werden soziokratische Entscheidungen von allen getragen. Dies hat einen wesentlichen Einfluss auf die Motivation aller Beteiligten, weil das Resultat für alle Sinn macht.

Der Wunsch nach regionaler Vernetzung war bei vielen Menschen da, wir mussten nur noch Raum und Rahmen dafür schaffen.

Welche Projekte sind zudem in Planung?

Projekte planen wir keine bewusst; viele Projekte, Anlässe oder Aktionen entstehen wie von selbst. Und zwar durch die wachsende Vernetzung und Möglichkeit, sich zu treffen. Sei es beim Fermentieren von Sauerkraut, beim Heilsalben herstellen, Kräuterwandern, beim Kleidertausch, in der Singgruppe oder in einer weiteren Vernetzungsgruppe, die im Tal gegründet wurde. So sind auch zwei weitere Gemeinschaftsgärten entstanden. Mittlerweile gibt es verschiedene Chat-Gemeinschaften: Wander- und Bewegungsgruppe, Naturwesengruppe, Gesundheitsgruppe sowie eine Schenk- und Tauschbörse. Zudem sind im Genossenschaftsladen, der regionale und gesunde Lebensmittel anbietet, viele von uns ehrenamtlich engagiert.

Auch die ersten Projekte wie ein Gemeinschaftsgarten, die «Ennet Schuel» oder die Räumlichkeiten für gemeinsame Anlässe entstanden im Prinzip einfach durch das regelmässige Zusammenkommen gleichgesinnter Menschen.

Damit lebendige und souveräne Dörfer entstehen, ist es wesentlich, dass sich die Menschen persönlich kennenlernen und sich regelmässig treffen. Es ist wichtig, sich wertfrei zu begegnen und Synergien zu schaffen, um unser Leben und unsere Region aktiv zu gestalten, so, wie wir uns das für uns und unsere Kinder wünschen.

Interview: Barbara Hagmann

ennetschuel.ch

Die Biofood-Scouts vom Klettgau

Der Bioladen Pudelwohl in Beringen (SH) will mehr als nur gesunde und faire Lebensmittel verkaufen. Das Start-Up des im Mai gegründeten Vereins stärkt die Verbindung zwischen Konsumenten und Produzenten und träumt von einer Regionalwährung. Mitgründerin Katja Merki erzählt, wie es dazu kam.

Zeitpunkt: Bioläden gibt es viele. Was macht Pudel-Wohl so speziell?

Katja Merki: Schaffhausen ist einer der Kantone mit dem niedrigsten Bioanteil in der Landwirtschaft. Bioprodukte aus der Region zu verkaufen, ist eine Herausforderung. Doch die Kunden sind dankbar. Der Coop ist knapp 50 Meter entfernt, und doch gibt es Leute, die sagen: «Ich kaufe zuerst bei euch ein, und was ich hier nicht finde, hole ich dann im Supermarkt.» Natürlich gibt es manchmal Erklärungsbedarf, zum Beispiel was die Preise betrifft. Doch diese Sensibilisierungsarbeit ist Teil unseres Anliegens. Wenn man sich die Preise der Bioprodukte in den Supermärkten anschaut, tauchen manchmal Fragezeichen auf. Wir wollen nicht nur gesunde Lebensmittel garantieren, sondern auch faire Bedingungen für die Kleinproduzenten. Bei uns bestimmen diese die Preise nämlich selbst. Im Grosshandel läuft es umgekehrt: Der Abnehmer bestimmt den Preis, und der Produzent muss schauen, wie er zurechtkommt. Was PudelWohl auch speziell macht, ist unser Mitgliedermodell. Wer einen monatlichen Beitrag von 40 Franken bezahlt, bekommt dafür 20 Pro-

Mitglieder erhalten Rabatt: *Katja Merki vom Bioladen «PudelWohl» in Beringen. (Bild: zVg)*

Wir achten auf ökologische und nachhaltige Produktion, verlangen aber keine Labels.

zent Rabatt beim Einkauf. Damit wollen wir die Betriebskosten decken. Mit den zurzeit rund 20 Mitgliedern reicht das noch nicht ganz, doch wir sind zuversichtlich. Der Grundgedanke hinter unserem Modell ist eine Plattform, in der Konsumenten und Produzentinnen direkt miteinander verbunden sind. Man soll wissen, woher die Lebensmittel kommen und wer sie produziert.

Wie wählt Ihr Eure Produzenten aus?
Wir suchen vor allem Kleinproduzenten und Familienbetriebe aus der Umgebung. Dabei achten wir auf ökologische und nachhaltige Produktion, verlangen aber keine Labels oder Zertifizierungen. Bei Grossverteilern sind Bio-Zertifikate obligatorisch; dadurch werden Kleinbetriebe benachteiligt. Das war auch der Grund, weshalb eine Gruppe von Produzenten sich von Bio Suisse abgespalten und ein eigenes Label gegründet hat: BioEtico. Dahinter steht das Konzept der Selbstdeklaration innerhalb der nachhaltigen Produktion. Natürlich finden wir nicht alle Produkte in Schaffhausen.

Was planen Ihr für die Zukunft?
Ideen gibt es viele. Unser Laden ist ja auch bereits ein Café, und wir bieten an zwei Tagen pro Woche eine Mittagsverpflegung an. Über das Lebensmitteldepot von PudelWohl kann man ausserdem grössere Mengen von haltbaren Lebensmitteln bestellen. Dies bieten wir einmal pro Monat an. Auch organisieren wir Veranstaltungen, zum Beispiel zu Themen wie Foodwaste oder gesunden Genuss.

Ein weiteres, persönliches Herzensprojekt ist der Aufbau einer Regionalwährung. Damit habe ich schon Erfahrung, da ich früher in Winterthur gearbeitet und beim EulachTaler mitgemacht habe. Das Konzept ist einfach: Die Regionalwährung gilt als Gutschein, um Produkte oder Dienstleistungen bei Anbietern einzukaufen, die beim Projekt mitmachen. Wir möchten den Kreislauf zwischen Produzenten und Konsumenten in der Region stärken. Die Währung könnte sogar vom Schweizer Franken abgekoppelt werden, sodass sie im Fall einer Inflation stabil bliebe. *Interview: Barbara Hagmann*

bioladen-pudelwohl.ch/

Die Jungen sind nicht faul, sie sind ausgebrannt

Die jungen Menschen von heute sind intelligent und freundlich, aber sie sind überarbeitet und ausgebrannt. Sie leiden unter hohen Erwartungen und steigendem wirtschaftlichem Druck, sagt die Jugendforscherin Sara Konrath.

Dr. Sara Konrath ist Sozialpsychologin an der Indiana University und untersucht, wie sich soziale und emotionale Eigenschaften bei amerikanischen Jugendlichen im Laufe der Zeit verändern. Sie ist in ihrer Forschung zu folgenden Erkenntnissen gekommen.

Die jungen Amerikaner sind nicht weniger intelligent als frühere Generationen. Im Gegenteil: Die IQ-Werte sind im letzten Jahrhundert kontinuierlich gestiegen, in den USA um drei Punkte pro Jahrzehnt.

Die Selbstbeherrschung ist besser geworden. Zwei kürzlich durchgeführte Studien haben ergeben, dass die Kinder von heute in der Lage sind, länger auf Belohnungen zu warten als Kinder in früheren Jahrzehnten.

Die jüngere Generation ist keineswegs fauler als früher. Amerikanische Kinder verbringen mehr Zeit in der Schule, haben einen vollen Zeitplan und weniger Freizeit als früher.

Aber: die Kinder sind ausgebrannt. Das zeigt Sara Konrath in ihrem demnächst erscheinenden Buch

Das Vertrauen in den Mitmenschen hat sich bei amerikanischen Jugendlichen in den letzten 50 Jahren glatt halbiert.

«Culture of Burnout: American life in an age of increasing expectations» (Oxford University Press).

Das erste Symptom von Burnout ist emotionale Erschöpfung. Seit Beginn der jährlichen nationalen Erhebungen der American Psychological Association im Jahr 2007 berichten jüngere Generationen über zunehmenden Stress und Überforderung mit Symptomen wie Depressionen und Angstzuständen.

Das zweite Symptom von Burnout ist Zynismus oder geringes Vertrauen in andere. Der Anteil der jungen Amerikaner, die der Meinung sind, dass Menschen grundsätzlich gut und vertrauenswürdig sind, ist markant zurückgegangen. 1972 gaben 32,1 Prozent der 18- bis 25-Jährigen an, anderen zu vertrauen, 2018 waren es noch 15,4 Prozent, weniger als die Hälfte. Dies ist ein besorgniserregender Trend, denn Vertrauen ist nicht nur die Grundlage guter Beziehungen, sondern der Demokratie an sich.

Das letzte Symptom von Burnout ist das Gefühl, wenig zu leisten oder nicht selbstwirksam zu sein. In den letzten Jahren ergaben Erhebungen, dass amerikanische High-School-Schüler eher glauben, dass die ihre Pläne ohnehin nicht aufgehen und sie keine Chance haben, im Leben erfolgreich zu sein, und dies trotz höherer Intelligenz, mehr Selbstbeherrschung und härterer Arbeit.

Warum sind die Jungen zunehmend ausgebrannt? Die Burnout-Gleichung beinhaltet zu viele Erwartungen und Anforderungen sowie zu wenig Ressourcen und Unterstützung. Diese steigenden Anforderungen sind sowohl intern – z.B. unrealistische Bildungsziele und Perfektionismus – als auch extern: mehr Wettbewerb, steigende Kosten, sinkende Löhne.

Diese Anforderungen verleiten junge Menschen zu einer ökonomischen Gewinnorientierung und einer Monetarisierung des Verhaltens. Sie können sich nie richtig entspannen. *Red.*

Quelle: **Sara Konrath: «I study America's youth.** Here's what I found». 2.9.2022. bigthink.

Was kann Buddha Aktivisten beibringen?

Aktivismus und Arbeit an sich selbst gehören zusammen, sagt David R. Loy, Professor für Buddhismus und lebenslanger Aktivist im Gespräch mit dem Zeitpunkt.

David R. Loy aus den USA, 77, war Aktivist gegen den Vietnamkrieg und wurde später Professor für Buddhismus in Boulder, Colorado. Um Aktivismus und Buddhismus zu verbinden, gründete er mit anderen das Ecodharma Center in den Rocky Mountains und lehrt den Bodhisatva-Weg: die eigene Heilung und die Heilung der Erde. Sein neuestes Buch heisst «Öko-Dharma – Buddhistische Perspektiven zur ökologischen Krise». Christa Dregger traf ihn im Ökodorf Siebenlinden bei seinem Vortrag vor jungen Aktivisten.

Zeitpunkt: Bist du Buddhist geworden, weil du als Anti-Vietnam-Aktivist einen Burnout hattest oder weil du in Vietnam auf den Buddhismus gestossen bist?

David R. Loy: Es war nicht so sehr ein Burnout, sondern das Gefühl, dass mein Aktivismus eher durch persönliche Wut als durch Mitgefühl motiviert war. Ich hatte das Gefühl, es reicht nicht mehr, mich zu engagieren, sondern dass ich mit mir selbst arbeiten musste und meine persönlichen Themen anschauen sollte. Der Vietnam-Krieg hat uns gelehrt, dass die Regierung uns anlügt. Und das war sehr wichtig: Wir erkannten, dass die Welt nicht ist, was man uns beigebracht hatte. Das andere wichtige Ereignis der Sechziger Jahre waren die psychedelischen Drogen. In Amerika nahm eine ganze Generation LSD. Und das ist eine andere Erfahrung als Alkohol. Durch LSD erkannten die Menschen, dass die Welt so ist, wie sie ist, weil unsere Wahrnehmung, unser Ver-

Ich glaube tatsächlich, dass wir vor einem globalen Erwachen stehen. Aber ist es schnell genug? Ist es tief genug?

Alles versuchen – und dann loslassen: *David R. Loy, Zen-Lehrer und Professor für Buddhismus (Foto: Christa Dregger)*

stand so arbeitet, wie er arbeitet. Wenn unser Bewusstsein sich ändert, ändert sich die Welt. Diese Erkenntnis liess das Interesse an Buddhismus in den späten Sechzigern und Siebzigern explodieren. Vietnam und die psychedelische Revolution haben das zusammen bewirkt.

Du zitierst oft Noam Chomsky, der sagte: Wir leben in der gefährlichsten Zeit der Geschichte. Siehst du auch Zeichen eines globalen Aufbruchs?

Ja, immer. Besonders bei jungen Menschen. Denn sie sehen, was kommen wird, und es ist ihre Welt, mit der sie zurechtkommen werden müssen. Ja, die Situation ist gefährlich und schwierig. Aber das hilft auch. In einer wirklich schwierigen Situation sind wir gezwungen, unsere Lebensweise neu zu bewerten. Ich glaube tatsächlich, dass wir vor einem globalen Erwachen stehen. Aber ist es schnell genug? Ist es tief genug?

Die allermeisten machen ja so weiter wie immer.

Oder sie versuchen es. Aber es geschehen Dinge, wo sie es nicht mehr können. In Colorado hatten wir eine grosse Überschwemmung und jedes Jahr schlimmere Waldbrände; ein Feuer hat grosse Teile der Stadt vernichtet. Je schlimmer die ökologische Katastrophe wird, um so

Gott entsteht, wenn wir gewahr werden, dass das Göttliche unsere eigene Natur ist.

mehr Menschen merken es und wachen dann doch auf. Das Herz von Ökodharma ist, die ökologische Krise nicht nur als etwas Äusseres zu betrachten. Sie lässt uns die innere, die spirituelle Krise erkennen. Eine Krise unseres Verhältnisses zur Erde. Das fundamentale Problem ist das Gefühl des Getrenntseins. Nicht nur die Trennung zwischen uns als Einzelwesen. Sondern kollektiv: dass wir als Zivilisation in einem Dualismus leben, einem Gefühl der Trennung von der Erde und der Biosphäre. Und das ist symptomatisch für unsere kollektive Ignoranz. Wir fühlen uns von der Erde getrennt. Wir denken, dass die Erde nur da ist, um uns zu ernähren. Dass sie kein eigenes Wesen hat, sondern nur da ist, damit wir uns nehmen können, was wir brauchen, und unseren Müll loszuwerden. Die ökologische Krise ist ein Ergebnis dieser Haltung.

Andererseits ist es auch so, dass der Kapitalismus sich selbst zerstört. Nicht nur aus ökologischen Gründen. Dem Kapitalismus wohnt seine Zerstörung inne, wie Marx sagte, einfach schon durch die wachsende Kluft zwischen Arm und Reich.

Buddhismus ist eine Religion ohne Gott und Heilige. Aber bei Ökodharma scheint es doch etwas Heiliges zu geben – die Erde.

Die Erde muss kein Gott sein, um heilig zu sein. Warum brauchen wir einen Gott, um etwas Heiliges zu fühlen! Wenn wir aufwachen, erfahren wir die Erde als etwas anderes. Wir fühlen uns nicht mehr getrennt. Manchmal auch als etwas Heiliges. Heilig heisst, sie ist von innen heraus kostbar für uns, sie verdient unsere Liebe und Fürsorge. Dadurch entsteht die ganze Metaphorik von Mutter und Kind: die Erde ist unsere Mutter, wir sind aus ihr hervorgegangen. Wir haben dann den Wunsch, sie wertzuschätzen, zu schützen und zu lieben – dazu braucht es keinen Gott und keine Göttin.

In anderen Religionen sucht man immer ein höheres Wesen, an das man sich wenden, mit dem man reden kann – Gott! Warum könnte das im Ökodharma nicht doch die Erde sein?

Die Frage ist: Ist das höhere Wesen ein Teil von dir? Bist du ein Teil von ihm? Oder bist du von ihm getrennt? Meister Eckhart, der grosse

Mystiker, spricht über die Gottheit: Gott entsteht, wenn wir gewahr werden, dass das Göttliche unsere eigene Natur ist. In der mystischen Religionserfahrung gibt es keinen Gott, der von uns getrennt ist. Wenn ich das trennende Ego loslasse, dann gibt es da etwas, das durch mich fliesst. Ich bin ein Gefäss für etwas, das grösser ist als ich. Das ist Gottheit. Das bedeutet es, nicht getrennt von Gott zu sein.

Gestern war der Saal voll mit jungen Aktivisten. Welche Botschaft hat Buddhismus für sie?

Dass es wichtig ist, Aktivismus und Arbeit an sich selbst zu verbinden. Dass sie eine Praxis der Achtsamkeit üben für etwas, das jenseits unserer Ego-Bestrebungen und unserer Bemühungen ist. Es ist für Aktivisten sehr wichtig, uns nicht an die Ergebnisse unseres Handelns zu binden. Natürlich wollen wir das Beste erreichen. Aber wir müssen auch loslassen können. Alles versuchen – und dann loslassen. Wir müssen erkennen, dass wir nicht alles unter Kontrolle haben; das ist auch strategisch besser. Und dieses Loslassen von den Ergebnissen unseres Handelns erfordert glaube ich Meditation. Sonst ist es zu schwer.

Das Schlimmste, was man der Natur antun kann, ist Krieg. Jetzt haben wir Krieg in der Ukraine. Können wir ihn durch Spiritualität und Meditation beenden? Können wir in uns die Bedingungen für Krieg beenden, indem wir meditieren?

Wenn wir darauf warten würden, dass alle meditieren, würde es sehr lange dauern. Auch für den Frieden ist es das Wichtigste, das grundlegende Prinzip der Trennung aufzuheben. Nicht-Trennung, Nicht-Dualität ist das wichtigste Prinzip im Buddhismus. Da geht es nicht nur um persönliches Verhalten, sondern auch um kollektives. Zum Beispiel bei jeder Art von Nationalismus – wir gegen sie. Russen gegen Amerikaner, USA gegen China usw. Die Wurzeln dieser Haltung sind tief. Ich denke, dass die USA einige Verantwortung für die Situation auch in der Ukraine hat. Russland hat tiefe geschichtlich begründete Ängste. Denken wir an Napoleon oder an Hitler. Russland wurde immer wieder angegriffen und will sich verteidigen. Die USA fahren fort mit ei-

Ich glaube, das Loslassen von den Ergebnissen unseres Handelns erfordert Meditation. Sonst ist es zu schwer.

Wir sind derzeit zwischen Geschichten. Wir versuchen, eine neue zu schreiben – aber es ist noch nicht so weit.

ner tribalistischen Aggression. Wir gegen die: Aus buddhistischer Perspektive ist diese Haltung der Kern des Problems. Und die USA haben dazu auf vielen Ebenen beigetragen, haben Putin bedrängt und verunsichert. Der Krieg ist jedenfalls nicht alleine eine russische Aggression.

Wir müssen loslassen vom alten Narrativ – wir sind besser als sie und so weiter. Was jetzt geschieht in dieser gefährlichen Zeit, von der Chomsky spricht, ist, dass die alte Geschichte, die Geschichte vom Fortschritt, von technologischer Entwicklung zerfällt. Man glaubt sie nicht mehr. Wir brauchen eine andere Geschichte. Ich glaube, wir sind derzeit zwischen Geschichten. Wir versuchen, eine neue zu schreiben – aber es ist noch nicht so weit.

Was meinst du mit Geschichte?

Geschichte – damit meine ich unsere Art, die Welt zu verstehen. Wir brauchen das. Unsere Geschichte sagt uns, wer wir sind und warum wir so geworden sind. Orte wie dieser hier – Siebenlinden, aber sicher auch Tamera und andere – sind Teil einer neuen Erfahrung und neuen Geschichte. Aber das Problem ist, dass die Leute sich an ihrer Geschichte zu sehr festhalten. Wir brauchen eine Geschichte, die flexibler ist. Ich denke, die buddhistische Lehre will uns nicht dazu bringen, unsere Geschichte loszuwerden. Sondern sie lehrt uns den Prozess und die Offenheit dafür, uns zu ändern, zu entwickeln. ●

Interview: Christa Dregger

Weitere Infos: **davidloy.org**

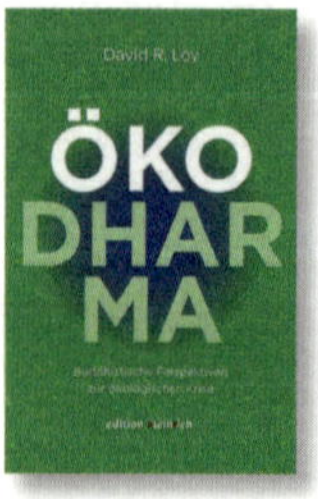

David R. Loy: ÖkoDharma – Buddhistische Perspektiven zur ökologischen Krise. edition steinrich, 2021. 320 S. € 24.90, Fr. 39.90 (Orell Füssli)
In «ÖkoDharma» tut der Zen-Lehrer und Philosophieprofessor David Loy etwas sehr Wirkungsvolles: Er wendet die meditative Betrachtung auf gesellschaftliche Phänomene an. So erkennt er Stolpersteine: Ist es wirklich so, wie wir es gemeinhin verstehen? Trifft unsere Auffassung von Geld wirklich den Sachverhalt? Sind wir wirklich von der Welt getrennte Einheiten?

Staunen und Ehrfurcht verbinden uns mit der Menschheitsfamilie

Viele Bedrohungen der Menschheit erfordern eine globale Antwort. Aber es ist schwierig, sich mit Menschen verbunden zu fühlen, die weit weg oder ganz anders sind als wir, vor allem wenn wir mit unseren eigenen Sorgen beschäftigt sind.

Eine neue Studie aus den USA legt nun nahe, dass Staunen und Ehrfurcht angesichts von Wundern der Natur Gefühle der Verbundenheit fördern.

Erstaunlich sind diese Ergebnisse nicht. Aber sie zeigen uns, dass wir uns vermehrt und bewusst den Wundern der Natur hingeben sollten.

Wie kann man die Unordnung und den Irrsinn auf der Welt aushalten? Daniele Ganser, der sich neben seinen zeitgeschichtlichen Studien auch mit Achtsamkeit beschäftigt, hat eine erstaunliche Antwort: die wunderbare Ordnung der Natur entdecken. Einige mögen darin eine höhere Ordnung erkennen.

Quelle: Greater Good Science Center
greatergood.berkeley.edu/

Mehr als drei Viertel der Amerikaner glauben an die Existenz von Ausserirdischen.

Gemäss einer neuen Umfrage unter mehr als 1000 Amerikanern glauben 78 Prozent an die Existenz von Ausserirdischen. Jeder Dritte ist der Ansicht, dass Ausserirdische bereits Menschen entführt haben. Weitere 37 Prozent glauben, dass US-Wissenschaftler und Beamte bereits Kontakt mit ausserirdischem Leben aufgenommen haben.

In der Frage, ob die Ausserirdischen in friedlicher oder feindlicher Absicht kommen, sind die USA geteilt. Genau 50 Prozent glauben, dass Ausserirdische freundlich gesinnt sind, während die andere Hälfte glaubt, dass Ausserirdische derzeit unsere Vernichtung planen! Das mag der Grund dafür sein, dass jeder Vierte sagt, die Vorstellung von der Existenz von Ausserirdischen mache ihm Angst, und jeder Sechste befürchtet sogar, dass es in Zukunft eine Invasion durch Ausserirdische geben wird.

Quelle: studyfinds.org

Foto: Magda Ehlers / pexels.com

Sei ungehorsam! Denke neue Gedanken!

Es läuft so verdammt viel falsch in der heutigen Zeit. Aber wie schon Sokrates meinte, wird es nicht besser, wenn wir nur daran herummäkeln, kritisieren, mit dem Finger darauf zeigen und es bekämpfen.

Von Eva-Maria Gent

Es ist wichtig, die Vergangenheit zu kennen, zur Kenntnis zu nehmen und daraus zu lernen. Wer die Vergangenheit nicht kennt, kann die Gegenwart nicht verstehen. Wer die Gegenwart nicht versteht, kann die Zukunft nicht gestalten. Sagte ausgerechnet Helmut Kohl. Es ist wichtig, die Augen und Sinne auf- und wachzuhalten, damit wir nicht im Alten verwickelt bleiben, weil Gewohnheiten, Traditionen, Glaubenssätze und dogmatische Überzeugungen sich sehr leicht und unbemerkt in uns festsetzen. Es ist für uns Menschen fast immer ungeheuer schwer, diese abzulegen und alte Meinungen zu ändern.

Dazu kommt die Schwierigkeit, einen klaren Kopf zu behalten, wenn wir täglich von einem «Dauer-Tsunami» schlechter Nachrichten zugeschüttet werden. Das geschieht zum einen tagaus tagein propagandamässig von den Mainstream-Medien, in denen, wie wir inzwischen wissen, mehr Lügen als Wahrheiten zu finden sind.

Es ist schwierig, einen klaren Kopf zu behalten, wenn wir täglich von einem «Dauer-Tsunami» schlechter Nachrichten zugeschüttet werden.

Zum anderen aber auch von den «Alternativen», die sich vor allem darauf fokussieren, das anzuklagen, was die Eliten und die Politiker alles Schlimmes planen und ja auch tatsächlich tun – also: mit dem Finger drauf zeigen! Aber auch sie zeigen wenig neue Wege auf, die wir beschreiten können, um aus den alten Strukturen heraus zu kommen.

Sei wachsam! Sang schon vor etlichen Jahren Reinhard Mey. Ich sage heute (nicht als erste!): Sei ungehorsam! Mach nicht mit, wenn sich Vorschriften gegen den gesunden Menschenverstand, gegen die Menschenwürde, gegen das allgemeine Menschenrecht und sogar gegen die Gesundheit und das Menschenleben richten!

Richte deinen Fokus lieber auf das, was gut ist: die wunderbare Natur, die liebenswerten Mitmenschen, die Liebe zwischen Menschen, die Liebe zwischen Mensch und Tier, das Miteinander in (immer zahlreicheren) Gemeinschaften, das Dach über meinem Kopf, das gute Wasser und die Lebensmittel, die mir zur Verfügung stehen und nicht zuletzt bzw. zuerst(!) schau auf dich selbst: Das bist du – «Tat Tvam Asi».

Werde dir bewusst, wer du bist! Auch mit deinen Fehlern, aber vor allem mit deinem Potential und deinen Talenten, deiner Kreativität, deinem göttlichen Schöpfergeist und deinem Willen. Welche Glaubenssätze und Prägungen (vielleicht aus deiner Kindheit) kannst du ablegen? Werde dir deiner Kraft bewusst und verwurzele dich in dir selbst. Deine Gedanken erschaffen deine Wirklichkeit. Deinen Gedanken lass dein Handeln folgen.

Richte deine Energie nicht auf das Bekämpfen des Alten, sondern auf das Erschaffen des Neuen.
Sokrates

Sollten wir nicht endlich damit beginnen, so zu leben, wie wir es wirklich wollen, in Liebe, Frieden und Freiheit? Goethe lässt den Theaterdirektor im «Prolog im

Himmel» (Vorspiel zu Faust) sagen: «Was immer du tun kannst oder erträumst zu können, beginne es. Kühnheit besitzt Genie, Macht und magische Kraft. Beginne es jetzt.»

Ein neues Zeitalter steht vor der Tür. Auch wenn wir Erwachsenen vielleicht nicht mehr allzu viel davon mitbekommen werden, können wir doch sofort beginnen, die Tür zu öffnen und den Boden zu bereiten für unsere Kinder und Kindeskinder und uns z.B. die Frage stellen: Wie kann es gelingen, die Kinder der nächsten Generationen aus den alten, sie zu gehorsamen Untertanen erziehenden Schul- und Leistungsstrukturen heraus zu holen? Die Zeit ist längst reif dafür, und es gibt schon zahlreiche Initiativen für freies Lernen in freien Schulen. Die Umstellung geht aber auch dabei nicht von heute auf morgen.

Sofort beginnen kannst du mit deinen Gedanken: «Eine neue Art von Denken ist notwendig, wenn die Menschheit weiterleben will,» sagte Albert Einstein. Finde neue Gedanken für eine neue Welt und richte dein Handeln danach aus. «Nur das Denken, das wir leben, hat einen Wert,» sagte Hermann Hesse. Und Albert Schweitzer: «Die grösste Entscheidung deines Lebens liegt darin, dass du dein Leben ändern kannst, indem du deine Geisteshaltung änderst.» ●

Eva Maria Gent (*1951) lebt in Kassel und ist Heilpraktikerin und Homöopathin. Sie ist Ko-Vorsitzende der «Gesellschaft in Balance e.V.», die die «Charta Demokratiekonferenz» entwickelt hat. **eva-maria-gent.de** • gesellschaft-in-balance.de

im Herzen des Malcantone, Südtessin

casa santo stefano

Das «etwas andere» B&B und Seminarhaus

Eine spezielle Atmosphäre in einem historischen Tessinerhaus. Wunderbar zum Entspannen, für eine Auszeit und Aktivferien – individuell oder in der Gruppe.

Es erwartet Sie ein leckeres Bio-Frühstück, vegetarisches Essen, Yoga und Massagen. Gelegen in noch fast unberührter und wildromantischer Natur mit vielen Wanderwegen, sanften Hügeln, Aussichtsbergen und Wildbächen. Wir bieten Ihnen Einfachheit & Qualität, Engagement & Innovation, Persönlichkeit & Herz.

Specials: Individual Themen Packages! Privatlektionen ab 2 Personen mit Yoga, Qi Gong, Stand Up Paddle, Biken oder Wandern.

Eine Auswahl aus unserem Kursprogramm 2023

Februar / März / April

25.02. – 3.03.	Fasten & Yogawoche
3.03. – 5.03.	Yogaweekend
5.03. – 11.03.	Fasten & Klangwoche
11.03. – 17.03.	Yoga & Wanderferien
17.03. – 19.03.	Yogaweekend
19.03. – 25.03.	Yoga & Intervallfasten
25.03. – 30.03.	Yoga & Wanderferien
30.03. – 2.04.	Yogaweekend
2.04. – 6.04.	Yogatage
6.04. – 10.04.	Oster-Yogaflowtage
10.04. – 16.04.	Intensiv-Yogaretreat
16.04. – 21.04.	Yogaferien
21.04. – 23.04.	Yogaweekend
23.04. – 28.04.	Yoga & Wanderferien
28.04. – 1.05.	Yogaretreat

Mai / Juni

1.05. – 6.05.	Yogaretreat
6.05. – 11.05.	Yoga & Pilates
11.05. – 14.05.	Yogaretreat
14.05. – 17.05.	Yoga & Genuss
17.05. – 21.05.	Yoga & Ayurveda an Auffahrt
21.05. – 25.05.	Yoga Energize
25.05. – 29.05.	Yoga & Hike an Pfingsten
29.05. – 3.06.	Yoga Balance
9.06. – 11.06.	Yogaweekend
11.06. – 15.06.	Yogatage
15.06. – 18.06.	Yoga Intensivweekend
18.06. – 24.06.	Yoga & Stand Up Paddle
24.06. – 29.06.	Yoga & Auszeit à la carte
29.06. – 2.07.	Yoga Auszeit

Juli / August / September

2.07. – 9.07.	Meditationsretreat
9.07. – 15.07.	Yoga Sommerflow
15.07. – 22.07.	Intensiv-Yogaretreat
22.07. – 28.07.	Yogaferien
28.07. – 30.07.	Yogaweekend
30.08. – 5.08.	Yogaferien
5.08. – 10.08.	Yogaferien
13.08. – 17.08.	Yoga & Shiatsu
17.08. – 20.08.	Yogaretreat
20.08. – 23.08.	Yogaretreat
23.08. – 27.08.	Yogaretreat
27.08. – 1.09.	Yoga & Auszeit à la carte
1.09. – 3.09.	Yogaweekend
3.09. – 7.09.	Qi Gong
7.09. – 10.09.	Yogaretreat
10.09. – 15.09.	Yoga & Auszeit à la carte
15.09. – 17.09.	Yogaweekend
17.09. – 23.09.	Yoga & Qi Gong
28.09. – 1.10.	Yogaweekend

Oktober / November

1.10. – 6.10.	Yogaferien
6.10. – 8.10.	Yogaweekend
6.10. – 8.10.	Heissi Marroni-Kochkurs
8.10. – 14.10.	Yoga & Wanderferien
14.10. – 19.10.	Yogaretreat
19.10. – 22.10.	Yogaweekend
22.10. – 26.10.	Yoga & Wandertage
26.10. – 29.10.	Yogaretreat
29.10. – 2.11.	Yoga & Wandertage
2.11. – 5.11.	Yogaweekend

Neben den Kursen ist stets auch Platz für Individualgäste!

Angeli & Christian Wehrli
CH-6986 Miglieglia
+41 (0)91 609 19 35
casa-santo-stefano.ch

Wenn die Natur die Traumata der Kriegsenkel heilt

Drei Fragen an Iris Wangermann

«Kriegsenkel» tragen fast immer die Traumata ihrer Eltern und Grosseltern aus. Die Grosseltern waren im Krieg, die Kinder mussten damit klarkommen – und die Enkel haben die Chance zur Heilung. Traumatherapeutin Iris Wangermann berichtet von ihrer eigenen Heilung – und wie sie heute anderen «Kriegsenkeln» hilft.

Zeitpunkt: Mit zwanzig wolltest du nicht mehr weiterleben. Wie hast du herausgefunden, dass deine Probleme nicht nur individuell waren?

Iris Wangermann: Ich habe zunächst klassische Therapien gemacht, dann systemische Aufstellung und Prozessarbeit in der Natur. Ich wollte wissen, warum ich so anders bin als andere – und fand die Ursachen bei meinen Eltern und Grosseltern. Mitglieder meiner Familie waren als Nazis in Gewalt und Kriegsverbrechen involviert, doch niemand hat je darüber gesprochen. Ich habe selbst erst später durch eine Recherche herausgefunden, was im Einzelnen geschehen ist – und konnte mir endlich meine Symptome erklären. Und so stiess ich auf den Begriff Kriegsenkel. Das sind die Kinder der Menschen, die während des Zweiten Weltkrieges Kinder waren.

Über den Familien einer ganzen Generation hing ein diffuser Nebel. Niemand sprach darüber. Nach aussen war alles gut, aber innen brodelte es.

Die Journalistin Sabine Bode hat in ihrem Buch über die «Kriegsenkel» Muster beschrieben, die in Familien der Nachkriegsgeneration immer wiederkehren. Über den Familien einer ganzen Generation hing ein diffuser Nebel. Niemand sprach darüber. Nach aussen war alles gut, aber innen brodelte es. Und wenn jemand ausscherte, hiess es: Was sollen die Nachbarn denken? Oft gibt es unter den Geschwistern dieser Familien nur einen einzigen Symptomträger. Während die anderen schweigen, dulden und mitmachen, gibt es einen, der oder die ausschert, Fragen stellt, Verhaltensauffälligkeiten zeigt. Damit spiegelt dieser Kriegsenkel den verschwiegenen Schatten der Familie. Da diese sich das aber nicht anschauen will, wird dieses Kind zum schwarzen Schaf erklärt. So ging es mir, und das höre ich heute immer wieder von anderen. Zu erkennen, dass es nicht an mir liegt, dass nicht ich komisch oder gar schuld bin, sondern dass es das Thema einer ganzen Generation ist und der Krieg die Ursache, das ist bereits ein erster Schritt zur Heilung.

Wie kann sich ein Trauma erst eine Generation später zeigen?

Menschen, die im Krieg gelebt haben oder gar aufgewachsen sind, sind meistens schwer traumatisiert. Ich habe im Psychologiestudium gelernt, dass schon jemand, der Zeuge bei einem Banküberfall war, eine Traumatherapie machen sollte. Wie geht es erst Menschen, die über Jahre Gewalt, Vertreibung, Vergewaltigung und Zerstörung erlebt haben! Das ist ein kollektives Trauma einer ganzen Generation. Und sie hatten danach keine Möglichkeit, damit zu arbeiten, denn es gab anderes zu tun: Überleben, Wiederaufbau. Es gab auch kaum Erwachsene, die Zeit hatten, mit ihnen präsent zu sein und zu fragen, was beschäftigt dich. Also unterdrückten sie ihre Gefühle. Das ungelöste Trauma wird weggepackt und taucht in der nächsten Generation auf. Das geht über verschiedene Wege, zum Einen über unsere Software, die Gene. Die Epigenetik hat wissenschaftlich nachgewiesen, dass Erfahrungen einer Generation in das Erbgut gehen und so an die nächste Generation weitergegeben werden kann. Eine Angststörung kann also schon genetisch das Verhalten der nächsten Generation prägen. Ein anderer Weg der Traumavererbung läuft über die Erziehungsmethoden der Kriegskindergeneration. Schwarze Pädagogik heisst z.B., man lässt die Kinder einfach schreien. Es fehlte unserer traumatisierten Elterngeneration oft das emotionale Bewusstsein darüber, was ein Kind braucht, wenn es schreit. Kinder aus gestörten Familien tun etwas, das wir in der Psychologie Parentifizierung nennen. Also Rollenumkehr. Kinder, die merken, dass ihre Eltern emotional instabil werden, beginnen, sie zu be-eltern. Es versucht, das Gleichgewicht in der Familie wieder herzustellen. Das bedeutet, für sie da zu sein, ihnen die Symptome abzunehmen oder zwischen den Eltern zu vermitteln. Damit ist ein Kind aber völlig überfordert. Durch all diese Wege wird das Trauma weitergegeben.

Wie können Kriegsenkel ihr Trauma heilen?

Für mich ist das wichtigste die Arbeit mit der Natur. «Naturbasierte Prozessarbeit» – das bedeutet, dass du dich wirklich der Grossen Mutter übergibst. Sie spiegelt dir ohne Verurteilung, wer du eigentlich bist. Und das fand ich sehr heilsam. Auch Pflanzenmedizin kann zu diesem Weg gehören. Vor fast zehn Jahren ging ich auf Visionssuche ins Death Valley in den USA. Ich sass vier Tage und Nächte fastend in der Wüste, ohne Ablenkung. Ich merkte, dass mein Trauma mich nicht mehr so gefangen hält – und beschloss, von jetzt an Frauen mit ähnlichen Problemen und Störungen zu unterstützen. Im Kern besteht die Heilung darin, mit dem verletzten und allein gelassenen Kind in uns wieder Kontakt aufzunehmen. Es aus dem Schatten zu holen, die Gefühle

Kinder, die merken, dass ihre Eltern emotional instabil werden, beginnen, sie zu be-eltern.

Rituale in der Natur wirken deshalb so gut, weil man durch sie einen Zugang zum Unterbewusstsein bekommt, wo echte Veränderung stattfindet.

wieder zu fühlen und zu fragen, was es braucht. Kurz gesagt, es zu beeltern. Das, was unsere Eltern hätten tun sollen, aber nicht konnten, weil sie selbst traumatisiert waren.

Dann geht es weiter: Wir können durch Rituale in der Natur ganz viel loslassen und zurückgeben, was nicht unseres ist. Wir haben vielleicht mit dem ersten Atemzug, den wir genommen haben, das ganze Päckchen unserer Familie eingeatmet. Aber das ist angeeignet. Das sind nicht wir. Wir sind im tiefsten Kern Liebe. Das andere dürfen wir gehen lassen.

Ich begleite Frauen meistens über zehn Wochen. Nach einem Vorgespräch bekommen sie Aufgaben gestellt, mit denen sie selbst in die Natur gehen. Eine Aufgabe kann z.B. sein, dass sie einen Gegenstand finden sollen, der etwas repräsentiert. Da ist es zunächst interessant zu erfahren, welcher Gegenstand sie überhaupt anzieht. Warum der? Und was machen sie damit? Dann kommt in dem Moment vielleicht ein Schmetterling vorbei oder ein Vogel oder ein Hund bellt. Wir werden erkennen, dass wir ständig Zeichen von aussen bekommen. Das sind Hinweise. Ich nenne das Medizinfrauentechniken. Rituale in der Natur wirken deshalb so gut, weil man durch sie einen Zugang zum Unterbewusstsein bekommt. Und echte Veränderung findet immer im Unterbewusstsein statt. Ich selbst bin dabei eine Begleiterin. Keine Heilerin. Was heilt, ist die Natur. Sie ist belebt, beseelt und intelligent.

Irgendwann wird man an den Punkt kommen, wo man realisiert, dass die Eltern oder Grosseltern schlimme Dinge getan haben, auch mit uns. Jetzt ist es wichtig zu verstehen: Es war nicht in Ordnung, was passiert ist. Aber sie haben das gemacht, weil sie traumatisiert waren. Möglicherweise haben sie unter den Umständen trotzdem das Beste gemacht. Wenn wir können, sollten wir vergeben. Denn wenn nicht, bleibt immer etwas an uns haften.

Traumatisierte Menschen traumatisieren Menschen. Wir heute haben die Chance, diesen Kreislauf zu unterbrechen. Nicht durch Schuldzuweisung. Sondern indem ich versuche, mein Familientrauma in mir aufzulösen. Genau das ist mein Anliegen. Darum mache ich diese Arbeit.

Interview: Christa Dregger

Blog von Iris Wangermann: **peace-with-your-past.de**

Und jetzt: die Ohrenstöpsel!

Von Geni Hackmann

(Bild: shutteerstock.com)

Gerade als die Pandemie, zugedröhnt vom Kanonendonner in Osteuropa, in Vergessenheit zu geraten drohte, machten die Ärzte in der Notaufnahme im St. Andrews Health Center in Fort Lauderdale/Florida eine zunächst harmlos scheinende Entdeckung. José Virosantos, ein geübter Taucher kubanischer Abstammung, litt an einer unbekannten grippeähnlichen Erkrankung. Er hatte einen positiven Sars-CoV-2.2-Test, Fieber und Gliederschmerzen, allerdings ohne Beeinträchtigung der Atemwege. Da sich die Ärzte den Befund nicht erklären konnten, wurde Virosantos in den «UHealth Tower» des Universitätsspitals von Miami überwiesen.

Dort wurde Virosantos einem Virenscreening unterzogen, einem neuartigen Verfahren, das den Weg der Viren durch den menschlichen Körper darstellen kann. Die zusammen mit dem Startup «ViralWays» und mit Unterstützung der Bill&Melinda Gates Foundation entwickelte Technologie macht sich den Umstand zunutze, dass auch Viren eine höchst subtile Energie in der Grössenordnung von 3,5 Femtojoule abstrahlen – das sind 3,5 Billiardstel eines Joule –, die mit Super-Computern verstärkt und damit sichtbar gemacht werden kann.

Einem Forscherteam um Li Liang und John Rodriquez von der Abteilung für Teilchenvirologie am Universitätsspital Miami ist es gelungen, den Weg des Sars-CoV 2.2 Virus durch den Gehörgang von José Virosanto zu rekonstruieren. Ergebnis: Das Ohr ist ein bisher grob unterschätzter Zugangsweg für das Virus. Eine erste Studie mit 268 Probanden, darunter 22 regelmässige und 32 gelegentliche Taucher, ergab ein deutlich erhöhtes Ansteckungsrisiko für Taucher, dies in Relation zur Tauchtiefe.

Bahnbrechende Entdeckung:
der UHealth Tower in Miami und seine Abteilung für Teilchenvirologie.

Sofort verbreitete sich in den sozialen Medien die Empfehlung, den Ohrenschmalz an dem von der Natur vorgesehenen Ort zu lassen.

Die Forscher schliessen daraus, dass die virale Penetration durch das Ohr einen gewissen Wasserdruck voraussetzt. Für Nicht-Taucher scheint das Risiko einer Ansteckung durch den Gehörgang gering. Forschende aus Taiwan haben jedoch festgestellt, dass die Ansteckungsrate mit Sars-CoV-2.2 mit der Häufigkeit der Gehörgangreinigung auch bei Nichtschwimmern ansteigt. Konkret: Ohrenschmalz schützt vor Covid-19-2.2.

Eine aurale Ansteckung ist daher auch ausserhalb des Wassers nicht auszuschliessen, besonders für Menschen, die ihre Gehörgänge regelmässig reinigen. Sofort verbreitete sich in den sozialen Medien die Empfehlung, den Ohrenschmalz am von der Natur vorgesehenen Ort zu lassen.

Die WHO veranlasste über ihre Verbindungen zu den Tech-Konzernen nicht nur die Löschung der entsprechenden – unappetitlichen – Bilder, sondern aller Nachrichten mit dem Begriff «Ohrenschmalz». Cerumen, so der medizinische Fachausdruck, wirke zwar tatsächlich antibakteriell, aber nicht antiviral; die behauptete Prävention gegen Sars-CoV-2.2 sei fake.

Die WHO, erleichtert, endlich wieder eine Pandemie bewirtschaften zu können, begegnete der Gefahr einer erneuten Ausbreitung mit der Empfehlung einer Ohrenstöpselpflicht. Sie galt vorerst nur für Länder mit Meeranstoss.

Marinevirologen gaben allerdings zu bedenken, die Ausbreitung des Virus erfolge nicht nur über das Meer, sondern auch im Süsswasser. Es sind denn auch vor allem Wissenschaftler in Binnenländern, welche die Forschung vorantreiben, kräftig unterstützt von der Pharmaindustrie und den Behörden. Binnenländer litten, so hiess es in Anlehnung an den berühmten Begriff der «Unterverschmutzung» des früheren US-

Die neuen Logos der WHO:

Es ist besser, sich vor einer eingebildeten Gefahr zu fürchten, als gegen eine reale aufzustehen.

Finanzministers Larry Summers, an «Unteransteckung». Das daraus folgende mangelnde Gefahrenbewusstsein sei durch entsprechende Studien nachzuschärfen. Zudem sind in vielen Ländern Schwimmer – ein besonders gesundes Segment der Gesellschaft – überdurchschnittlich impfkritisch.

Der Nachweis der Übertragung in Binnengewässern würde den Regierungen einen ganzen Strauss neuer Massnahmen ermöglichen, von der Erfassung der Badegewohnheiten über eine App bis zu einem allgemeinen Badeverbot, das erst mit einer Impfung wieder aufgehoben würde.

Obwohl die Medien intensiv über die neue virale Gefahrenquelle berichten und sogar Tauchlehrer in die Talkshows einladen, scheint die Bevölkerung die Bedrohung noch nicht allzu ernst zu nehmen. Ihr schaudert mehr vor der kalten Dusche, an die sie sich noch gewöhnen müssen.

Virocom, ein Beratungsunternehmen für Gesundheitskommunikation hat das Problem analysiert: Die Regierungen sollen der Bevölkerung empfehlen, lieber für die Gesundheit auf das Duschen zu verzichten, anstatt für die Freiheit zu frieren. Hintergedanke: Es ist besser, sich vor einer eingebildeten Gefahr zu fürchten, als gegen eine reale aufzustehen.

Die neuste Entwicklung im Pandemiemanagement erwischt allerdings die Hersteller von Hörgeräten auf dem linken Fuss. Nachdem die Nachfrage aufgrund des social distancing und der Maskenpflicht markant gestiegen war, sind die Investitionen in neue Produktionsanlagen nun gefährdet. Bis virendichte Hörgeräte auf den Markt kommen, wird es nach Ansicht von Brancheninsidern noch einige Pandemien dauern. Vorsichtige Gesundheitsminister empfehlen der Hörgerätetragenden einstweilen, die populäre Maske zum Ohrenschutz umzuwidmen.

Bis virendichte Hörgeräte auf den Markt kommen, wird es nach Ansicht von Brancheninsidern noch einige Pandemien dauern.

Die Stöpselpflicht eröffnet dagegen innovativen Firmen neue Geschäftsfelder. Das Startup «Aural Filter Technologies» (AFT) hat ein Stöpsel-Modell in Entwicklung, das den Ton nur für wichtige Mitteilungen freigibt. Die Filtereinstellungen lassen sich über das Smartphone individuell steuern – the next dimension of privacy.

Der Algorithmus wird zur Zeit noch von den US-Zensurbehörden geprüft. Das «Federal Bureau of Content Control» hat bereits signalisiert, dass die neue Technologie das Recht auf freie Meinungsäusserung nicht tangiere. Das Recht, seine Meinung frei äussern zu dürfen, beinhalte keine Pflicht, andere Meinungen auch hören zu müssen.

Nicht geklärt ist die Rechtslage bei Mitteilungen der Behörden. Es ist vorderhand nicht auszuschliessen, dass sich Alain Berset, Karl Lauterbach oder – bei zunehmender Intensität des Krieges auch Militärs – ins Ohr und damit ins Bewusstsein schleichen.

Künftige Stöpsel-Generationen sollen zudem die Einspielung von Botschaften ermöglichen, je nach Mentalzustand des Trägers. Esoterik-Anbieter haben bereits «InnerVoice» angekündigt, kompatibel mit der AFT-Technologie. Zielgruppe des Angebots sind Menschen, die durch die Multikrise an Wahrnehmungsstörungen leiden und den Kontakt zu sich selber verloren haben – ist der Wahnsinn Wirklichkeit? InnerVoice will dafür sorgen, dass man wieder eine innere Stimme hört, wenn auch nicht notwendigerweise die eigene. Aber das ist noch Zukunfts-Musik, bzw. -Gesäusel.

InnerVoice will dafür sorgen, dass man wieder eine innere Stimme hört, wenn auch nicht notwendigerweise die eigene.

Denn die Stöpselpflicht muss erst einmal durchgesetzt werden. Wie soll die Pflicht überhaupt kontrolliert werden? Das ist die grosse Frage, auf die sich die Behörden von den neu eingerichteten Task Forces Antworten erhoffen. Die Gewerkschaft der Zugsbegleiter hat schon mal ihren Widerstand angekündigt. Sie wollten neben den Fahrkarten nicht auch noch das reglementskonforme Tragen der Ohrenstöpsel kontrollieren. Der Blick in die Gehörgänge von Passagieren mit reduziertem Hygienehintergrund sei nicht zumutbar und in den Arbeitsverträgen auch nicht vorgesehen.

In Norwegen laufen zur Zeit Tests mit leuchtenden Stöpseln, die – für die Träger unsichtbar – dem Umfeld signalisieren: «Ich bin gestöpselt, Kommunikation zwecklos.» Prof. Ari Mehrweis, massenpsychologischer Berater der WHO, sieht darin einen entscheidenden Schritt auf dem Weg zu einer neuen Normalität des social distancing. Die Stöpselung sei der nächste Schritt der Individualisierung, der den Menschen dazu zwinge, mit den grossen Krisen der Menschheit alleine fertig zu werden.

Im Wald, liebe Leserinnen und Leser, ziehe ich jeweils meine Stöpsel heraus. Der Gesang der Vögel erinnert mich an die schöne Zeit, bevor José Virosantos das St. Andrews Health Center in Fort Lauderdale betrat. ●

Mit dieser Recherche meldet sich unser Haussatiriker Geni Hackmann nach pandemiebedingtem Schreibstau wieder zurück. Man dürfe den realen Schrecken nicht persiflieren, war seine Meinung. Nachdem die neue Realität die «Pandemie» mittlerweile übertrifft, wagt er sich wieder an Stoffe für seine Analysen. Wir sind gespannt, ob er es durchhält. Die Red.

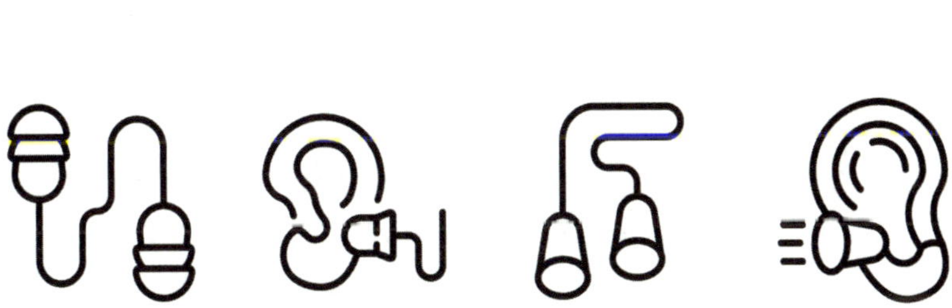

(Foto: pixabay.com)

Ferien in Österreich

«Passt», sagen die Österreicher. «Passt» passt zu allem. Ein Urlaub im Nachbarland Österreich ist, obwohl so nah, eine Reise in eine entfernte Welt. *Von Anton Brüschweiler*

Meine Freundin ist Österreicherin. Dagegen ist an sich nichts einzuwendenden. Da kann sie auch nichts dafür, genau sowenig wie ich etwas dafür kann, dass ich Schweizer bin. Bei solchen Dingen muss man fair bleiben.

Vor Kurzem waren endlich wieder mal Österreich-Ferien angesagt. Auf Anhieb würde man vermuten, dass die Schweiz und Österreich zwei fast identische Länder sind. Doch der Schein trügt: Obwohl in beiden Ländern im weitesten Sinn eine Art Deutsch gesprochen wird, erlebt, wer als Schweizer zum ersten Mal Österreich besucht, einen Kulturschock.

Das beginnt schon beim Essen. Falls Sie zu einem Personenkreis gehören, der dem ärztlichen Ratschlag

Von Weitem habe ich beobachtet, wie sich Kinder eine Knödel-Schlacht lieferten, analog zu den in der Schweiz im Winter beliebten Schneeballschlachten.

zu folgen hat, auf das Körpergewicht zu achten, würde ich Ihnen von einem Besuch Österreichs dringend abraten: Zu gut und zu üppig ist das Essen. Auch wenn Sie an einer Knödel-Allergie leiden, ist ein Besuch Österreichs nicht empfehlenswert. Knödel werden täglich unbegrenzt und ungefragt serviert, und zwar sowohl als Vorspeise, Hauptspeise, Beilage und Nachtisch. Von Weitem habe ich beobachtet, wie sich Kinder im Freien eine Knödel-Schlacht lieferten, analog zu den in der Schweiz im Winter so beliebten Schneeballschlachten.

Auch ist gegen diese Knödel im grossen Ganzen nichts einzuwenden. Sie sind in der Regel äusserst lecker. Einzig bei Servietten-Knödel hört bei mir der Spass auf. Nie im Leben werde ich Servietten essen. Da esse ich dann schon lieber ein Grammelschmalz-Brot, bei dem der Aufstrich aus Schweineschmalz, Grammeln (geröstete Speckwürfel) und Kräutern besteht.

Kommen wir zur Sprache: Versuchen Sie gar nicht erst einen dieser österreichischen Aborigines, also ein menschliches Wesen, das in österreichischen Dialekt spricht, zu verstehen, es ist unmöglich. Ihre Sprache zu lernen, ist viel zu aufwändig. Mit einem einzigen Wort kommen Sie allerdings bestens durch. Das Wort heisst «Passt» und wird für schlichtweg jede Lebenssituation verwendet: Egal, ob man den Schlüssel einer Mietwohnung in die Hand gedrückt bekommt, ob man «bcim Wirten» (in einem Restaurant) einen Tisch zugewiesen bekommt, egal ob jemand erzählt, dass er heute Vater geworden oder gerade seine Grossmutter gestorben sei, man sagt einfach immer nur «passt». Das kommt immer gut an.

Enttäuschend war für mich einzig der Besuch des bedeutendsten Wallfahrtsort Österreichs, Mariazell. Eine gute Stunde betete ich vor dem heiligen Marienbild, mit der Bitte, dass mein kürzlich total verhageltes Auto seine Beulen verliert, leider ohne Erfolg. Das passte nicht, der Rest passte aber sehr! ●

Anton Brüschweiler ist Musiker, Veranstalter von Anlässen mit Geheimtipp-Potenzial in der Chäsi Gysenstein und Autor des Buches **«Das AntWort – die Wahrheit des Absurden»**, eine Sammlung von lebensrettenden Weisheiten in einer verrückten Welt. 106 S. geb. Fr. 19.–. edition.zeitpunkt.ch/buch/das-antwort/

Thomas Gröblys Schluss Plädoyer

Foto: zVg

Thomas Gröbly (64) hat sich als Landwirt, Ethiker, Theologe, Agnostiker, Dozent und Autor stets bodenständig und visionär für einen nachhaltigen und bewussten Umgang mit uns und unserer Umwelt eingesetzt. Jetzt ist er unheilbar krank. Mit seinem Schlussplädoyer denkt er klug und trotzig an alle Grenzen heran und darüber hinaus. Das verpflichtet und macht Mut.

«Einen Augenblick staunen – Variationen über Sterben, Nachhaltigkeit und friedfertiges Leben» ist ein Bijou in Form und Inhalt. Es handelt von unserer Verletzlichkeit und der Verletzlichkeit der Natur, als deren fester Teil er sich und uns sieht. Es sind schmerzhafte Erfahrungen und erhellende Einsichten, die Thomas Gröbly angesichts des Todes als Lebensgrenze klarer denn je, trotziger, versöhnlich-unversöhnlicher und klüger, prägnanter auf den einen und anderen Triggerpunkt von uns Lesenden zirkelt.

Thomas Gröbly leidet an Amyotropher Lateralsklerose, kurz ALS. Für die Schulmedizin eine in der Regel unheilbare Nervenkrankheit. Die haben die Ärzte 2016 bei ihm diagnostiziert. Nachdem der passionierte Bergläufer immer weniger lang, weniger gut, weniger sicher, nicht mehr laufen, kaum mehr gehen konnte.

Gröbly hadert nicht, er handelt so gut es eben noch geht unter der Fuchtel des Zerfalls, schreibt von seinem Umgang mit der tödlichen Krankheit. Er schreibt über und für seinen Enkel Norin, heute 2 Jahre alt. Die Kraft, die dieser ihm schenkt, die Welt, die ihm der Grossvater als lebenswert erhalten möchte. Er schreibt für einen bewussten Umgang mit der Natur. Er setzt kantige, kernige, aber auch sanfte Sätze gegen den Irrglauben, unser heutiges Wirtschaften erlöse uns von allem Bösen. Vieles hat er in den letzten Jahren da und dort schon getan, formuliert und gefordert. Nie aber so schlüssig, und nachvollziehbar wie jetzt, wie auf diesen rund 160 Seiten. Die schwere Kost liest sich beeindruckend leicht.

Thomas Gröbly schreibt: «ALS hat mich verändert. Ich bin verletzlich wie alles Leben, wie unsere lebendige Erde. Meine Verwundbarkeit schärft meine Sinne für die Gefährdung anderer Menschen und Lebewesen.»

Das Sprechen fällt ihm manchmal schwer, das Schlucken, das Essen, das Gehen sowieso. Denken und schreiben aber kann er (noch), und wie! Es sind Sätze, sanft und brachial zugleich. Jedes Buchkapitel eingeleitet von einem auf die minimale Essenz reduzierten Gedicht. Eingemachtes, wenn es ans Eingemachte geht.

Seine Krankheit helfe ihm, weniger zu werten und stattdessen mehr zu schauen und zu staunen: «Ausgangspunkt meiner Gedanken in diesem Buch war meine Schwäche und Sterblichkeit, die mich mit den vielfältigen Bedrohungen auf diesem wunderbaren lebendigen Planeten verbindet.»

Statt den heute aus seiner Sicht arg strapazierten bis missbrauchten Begriff «Nachhaltigkeit» weiter platt zu treten, kehrt er den Mut zur Gewaltlosigkeit als Begriff ins Positive und plädiert für eine neue «Friedfertigkeit»: «Friedfertigkeit ist eine Fertigkeit, ein Handwerk, das gelernt, geübt und vertieft werden will. (…) Für ein friedfertiges Leben braucht es sorgfältiges Denken, emotionale Hingabe und engagiertes Handeln: Kopf, Herz und Hand.» Gröbly setzt es um. Er setzt es uns vor. *Beat Hugi*

Thomas Gröbly: Einen Augenblick staunen – Variationen über Sterben, Nachhaltigkeit und friedfertiges Leben, Edition Volles Haus, 2022. 170 S., geb. Fr./€ 28.–. www.volleshaus.ch

Leserbriefe

Wenn ich so etwas im Zeitpunkt lese, schwindet meine Hoffnung

Wie uns in der Pandemie die Realität abhanden kam, ZP 170

Ich wurde wütend, als in der Aufzählung «Der Realitätsverlust betrifft aber auch viele Covid-Skeptiker» Unsägliches zementiert wurde:

- **«Nicht glaubten, dass es sich um ein neuartiges Virus handelte»**. Es ist entweder ein Corona Virus – das ständig mutiert und in der Geflügelzucht lange bekannt ist – oder/und es ist ein Sars-Verwandter Sars-Cov1-2003. Bhakdi et al konnten bereits 2020 nachweisen, dass die von Sars 2003 Genesenen alle bereits Antikörper bilden, die auch für Sars-Cov2 wirksam sind. Oder stimmt es doch, dass im Labor in Wuhan noch HIV-Sequenzen in die DNA des «neuen Virus eingebaut wurden …
- **«Leugneten, dass es eine Pandemie und überhöhte Sterblichkeit gab»**. Es gab bis spät im November 2020 in 22 Ländern Europas inklusive der Schweiz keine Übersterblichkeit! Obwohl die Selbstmordraten stiegen, alte Menschen in den geschlossenen Altersheimen wohl auch einfach sterben wollten – und ja im globalen Süden verhungerten Millionen eingeschlossen in Slums ohne Versorgung.
- **«Die leugneten, dass der Impfstoff vor schwerer Krankheit und Tod schützt»**. Diese Spritze hat mit Corona überhaupt nichts zu tun. Sie nützt überhaupt nicht und schadet in anderen Formen. Vermutlich hat der Impfstoff sogar mehr getötet als vor Tod geschützt – siehe Kuhbandner et al.
- **«Die leugneten, dass es ‹Long-Covid› gibt»:** Wie wär's mit Long-Maskeraditis oder Long-Lockdown-Syndrom oder Long-Arbeitslosigkeits-Blues oder Long-Angst-eingetrichtert-kriegen – oder – Long-Spikitis. Ja, wenn da HIV drin sein soll, dann werden wir alle was davon haben – Immunschwäche.
- **«Die die Nebenwirkungen des Impfstoffes stark übertrieben»**. à 80 Prozent Aborte im ersten Trimester bei Schwangeren? 16.3 Prozent Übersterblichkeit in Europa, 6000 Babies weniger geboren in den ersten 5 Monaten 22 in der Schweiz? 400 Prozent Steigerung bei gewissen Krebsarten, 1000 Prozent Gürtelrose (Herpes Zoster), was wollen wir noch mehr?
- **«Die an einige andere seltsame Ideen glaubten (z.B. 5G-Strahlung verursacht Covid)»**. Absolute Antriebslosigkeit/Apathie, die sich mit Aggression abwechselt, ist eine sehr häufige Form von Strahlenkrankheit – wurde schon

1932 beschrieben. Dabei ist immer die Anpassung an ein neues Niveau ein Thema – mit den Jahren werden wir uns daran gewöhnen. 5G unterscheidet sich von 4G v.a. durch starke Gradienten, wechselnde Feldstärken. Es kann sehr wohl sein, dass diese «ich fühlte mich wie der Stecker gezogen» tatsächlich Strahlenschäden sein können.

Wenn ich so etwas im Zeitpunkt lese, so kurz vor der «Auflösung» – d.h. die Skandale sind ja schon am Rüberschwappen in den Mainstream…. Dann verliere ich alle Hoffnung.

Ich habe im 2020 jeden Monat die Todesfall-Zahlen des Bundesamtes für Statistik runtergeladen. Es kamen jeweils noch ein paar Tote dazu, die im Vormonat noch nicht gezählt waren. Die Korrekturen waren jeweils weniger als 10!

Dann kamen nach dem 6. Januar 2021 nochmals rund 3500 dazu. Die Unsicherheitsbandbreite liegt insgesamt bei 5610 Toten, die Ende 2020 oder eben Anfang 2021 dazukamen. Das ist fast die gesamt Übersterblichkeit des Jahres 2020!

Martin Schmid, Niederdorf

Zu nahe an Verschwörungstheorien

Viele Jahre habe ich den Zeitpunkt abonniert und wirklich als andere Stimme in der Medienlandschaft geschätzt – er hatte mich angeregt, Dinge noch anders zu betrachten und mich mit Meinungen divers auseinanderzusetzen. Ein intelligentes Blatt, das ich gerne auch weiterempfohlen habe.

In letzter Zeit jedoch kann ich mich nicht mehr mit den Beiträgen und Haltungen im Zeitpunkt identifizieren und erlebe diese auch nicht mehr als anregend. Es ist mir zu viel «anderes Wissen» und Meinung, und zu wenig differenziertes Betrachten und Suchen. Zu nahe bewegen sich die Beiträge an Verschwörungstheorien.

Wir leben in schwierigen und interessanten Zeiten. Es geht nicht an, die einen zu beschuldigen und die anderen zu verherrlichen. Den endgültigen Ausschlag für diese Kündigung hat mir wohl der Artikel gegeben, welcher Russland und China als unabhängige Staaten preist und diesen empfiehlt, alle NGOs des Westens aus ihren Ländern verbannen. Die Taten von Diktatoren und deren Abschottung ihrer Landsleute von der westlichen Welt kann ich nicht mit Unabhängigkeit gleichsetzen. Die Beiträge im letzten Zeitpunkt verstärken den polaren Diskurs, der sicher nicht zu Lösungen für eine friedliche Welt beiträgt. Zurück von einer längeren Reise durch den Balkan und den Iran bin ich daran, eine vielfältige Sicht auf die politischen Prozesse zu gewinnen. Das europazentristische Bild ist genauso gefährlich wie die Verherrlichung der diktatorischen Machenschaften sogenannter unabhängiger Länder.

Barbara Jost

Verlagsmitteilung:

Eine Abo-Verwaltung mit Migrationshintergrund

Nach rund 25 Jahren haben wir unsere Abo-Verwaltung in ein neues System überführt. Wer Erfahrung mit solchen Übungen hat, weiss: Eine solche Migration verlangt allergrösste Aufmerksamkeit. Und selbst dann sind Fehler nicht auszuschliessen, die erst auftauchen, wenn der erste Versand erfolgt – also jetzt mit dieser Ausgabe.
Wenn etwas mit der Rechnung zur Erneuerung des Abos nicht stimmt, die einigen Adressen beiliegt, bitten wir um eine Nachricht, damit wir makellos ins Neue Jahr starten können.
Redaktions- und Insertionsschluss der nächsten Ausgabe ist der 15. Januar. Erscheinen: 15. Februar.
Wir wünschen Ihnen entspannte Festtage, eine sichere Hand in Ihren Dingen und einen hellen Stern auf all Ihren Wegen.
Der Zeitpunkt

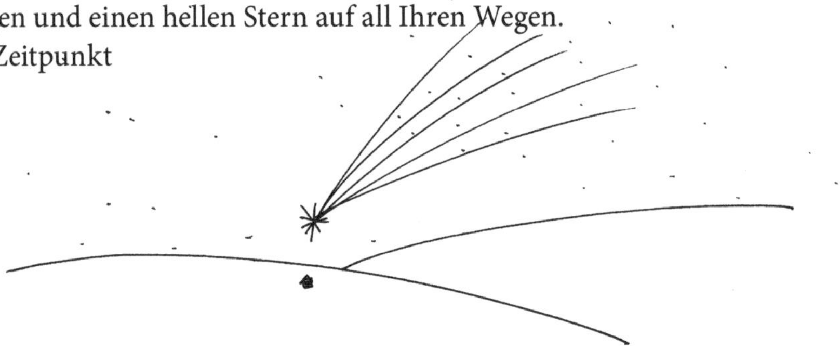

Impressum

ZEITPUNKT 171
NOVEMBER 22 – JANUAR 2023
Erscheint vierteljährlich
31. Jahrgang

REDAKTION & VERLAG ZEITPUNKT
Werkhofstrasse 19
CH-4500 Solothurn
Tel. +41 (0) 32 621 81 11
mail@zeitpunkt.ch
www.zeitpunkt.ch
fb.me/ZeitpunktMagazin
Geldfluss:
CH08 0900 0000 4500 1006 5
DE67 6001 0070 0342 0347 06
ISSN 1424-6171

REDAKTION
Christa Dregger, Barbara Hagmann, Nicole Maron, Christoph Pfluger

HERAUSGEBER
Christoph Pfluger

AUTORINNEN UND AUTOREN DIESER AUSGABE
Mathias Bröckers, Anton Brüschweiler, Christa Dregger, Lars Ebert, Ingo Hoppe, Eva-Maria Gent, Ariet Güttinger, Geni Hackmann, Barbara Hagmann, Beat Hugi, Christian Kreiß, Nicole Maron, Milosz Matuschek.
Korrektorat: Manu Gehriger

TITELBILD
Ana Zanoli

ANZEIGEN UND ABOS
Verlagsadministration
Linda Biedermann, 032 621 81 13
inserate@zeitpunkt.ch

ABONNEMENTSPREISE
Der Preis des Abonnements wird von den AbonnentInnen selbst bestimmt.
Geschenkabos:
Schweiz: 50 CHF
Europa: 60 EUR
Einzelnummer:
15 CHF / 15 EUR
abo@zeitpunkt.ch

DRUCK UND VERSAND
AVD, CH-9403 Goldach

VERTRIEB DEUTSCHLAND
Synergia Auslieferung
Industriestrasse 20
64380 Roßdorf
Tel. +49 (0) 615 460 39 50
info@synergia-auslieferung.de